Leseprobe
Ruby Blue

Geschichten für Kinder

Claudia J. Schulze /
Anke Hartmann

DIESE LESEPROBE IST DEM BUCH: „NACHTFLÜGE-GESCHICHTEN ZWISCHEN DEN WELTEN" UND DEM BUCH: „MORGENSTERNE" ENTNOMMEN

Wir unterstützen die Hospizarbeit in Deutschland, Österreich und der Schweiz

Kinder und Trauer

Herstellung und Verlag: BoD -
Books on Demand, Norderstedt
© Claudia J. Schulze (Text), 2019
Bilder: Anke Hartmann, Leipzig
Lektorat: Matthias Ziebarth, Frankfurt a. Main
& Phillo Leipzig
ISBN: 9783746047430

Inhalt

Und meine Seele spannte
Weit ihre Flügel aus
Flog durch die stillen Lande
Als flöge sie nach Haus.

(Joseph von Eichendorff)

Kapitel 1 -
Lukas und die Rabenfeder

Lukas war nun beinahe 10 Jahre alt. Er hatte braune Haare und blaue Augen.

Eigentlich war er wie fast alle Kinder in seinem Alter. Außer vielleicht, dass er ständig von Tieren umgeben zu sein schien. Das hatte schon begonnen, kaum dass er hatte laufen können.

Schon früh war er immer im Wald gewesen und hatte die Tiere dort beobachtet. Nicht einmal die scheuen Tiere, wie die Hirsche, liefen vor Lukas davon.

Manchmal blieben sie ganz nah vor ihm stehen und sahen ihn ruhig an.

Sie waren wunderschön und so majestätisch, dass es Lukas den Atem raubte.

Diese Momente waren etwas ganz Besonderes für ihn. Sie waren so schön, dass er sogar von ihnen träumte. Wer jemals einen Hirsch aus der Nähe gesehen hat, kann das ganz sicher verstehen. Obwohl sie so mächtig waren mit ihren Geweihen und den Hufen, fühlte sich Lukas niemals von ihnen bedroht.

Wenn er die dunklen Augen der Hirsche sah, fühlte er sich aufgehoben, so, als könnte ihm niemand etwas antun.

Im Wald fühlte sich Lukas am sichersten. Er genoss alles, was er dort so sehen und erleben konnte.

Er liebte es, wie die Eichhörnchen von Baum zu Baum sprangen. Ihm gefielen die Fischotter.
Und er bewunderte die Eleganz der Eulen, wie sie durch den Nachthimmel glitten.

Lukas hatte Glück, denn er lebte nah am Wald, so dass er sogar von seinem Fenster aus die Tiere dort beobachten konnte. Manchmal kamen sie dicht ans Haus heran und schliefen dort – ganz in seiner Nähe.
Oder sie flogen um das Haus, so wie Gerda, die Eule, und beschützten ihn in seinen Träumen.
Das konnten nicht gerade viele Kinder von sich behaupten.
Doch es gab noch etwas, das Lukas von den andern Kindern unterschied.

Lukas fand es schwierig was den Umgang mit anderen Menschen betraf. Besonders mit Erwachsenen.

Sie waren so groß wie unberechenbar. Lukas ging ihnen aus dem Weg, wo er nur konnte. Besonders dann, wenn diese auch noch unfreundlich mit ihren Tieren sprachen, so wie der Waldarbeiter, den Lukas manchmal mit einem Schäferhund sah.

Vor dem Waldarbeiter fürchtete er sich.

Doch obwohl der Schäferhund auf den ersten Blick ziemlich gefährlich aussah, verspürte Lukas nicht die geringste Angst vor ihm. Er spürte, dass keine wirkliche Gefahr von ihm ausging. Bei Tieren war das also anders als bei Menschen. Sogar völlig anders.

Und deshalb wollte Lukas später auch einmal Tierarzt werden. Bereits jetzt schienen die Tiere das zu wissen, denn wie sonst ist es zu erklären, dass sie, wann auch immer eines von ihnen krank wurde, in irgendeiner Form, fliegend, flatternd oder zu Fuß, bei Lukas auftauchten. Vögel mit gebrochenen Flügeln oder verwaiste Küken, wilde Katzen mit verwundeten Vorderpfoten, ein Hund, der seinem Herrchen ausgerissen war, und Rüdiger, die kleine Fledermaus.

An Rüdiger hing Lukas ganz besonders.

Einmal kamen auch ein Käuzchen mit geschürftem Schnabel, dazu ein kleines verirrtes Wildschweinchen und ein Maulwurf, der von einem jäh herabgefallenen Ziegel am Rücken getroffen worden war und eine Füchsin, deren Ohr verletzt worden war.

Sie alle waren, jeder auf seine Art, bei Lukas gelandet, und Lukas hatte jedem von ihnen helfen können.

Die Füchsin blieb seither ständig in der Nähe seines Hauses.
Immer wieder sah er ihren roten Pelz durch das Unterholz leuchten.

Er wünschte sich kaum etwas anderes.

Nur ab und zu kam ihm der Gedanke, dass es wunderbar wäre, könnte er auch sich selbst helfen und einfach weniger Angst vor anderen Menschen haben.

Es blieb immer nur ein flüchtiger Gedanke.

Obwohl ihm ansonsten ständig etwas einfiel, wenn es darum ging den Flügel eines Vogels zu schienen, einen Schmetterling zu retten oder einen Jungvogel mit einer Pipette zu ernähren – bei sich selbst wusste er nicht weiter.
Es erschien ihm vielmehr vollkommen rätselhaft, wie er etwas Vergleichbares bei sich selbst hätte anwenden können. Wenn er an den klugen Ausdruck des Käuzchens dachte,

vermutete er, dass es die Lösung wohl wissen könnte.
Doch ihm erschloss sie sich nicht.

Nötig wäre es durchaus gewesen. In der Schule brachte er nämlich kaum einen vernünftigen Satz hervor, beim Bäcker ließ er sich abdrängen, der Fahrer des Schulbusses war sein absoluter Tiefpunkt.

Bei ihm zitterten Lukas Hände, wann immer er auch nur seine Fahrkarte vorzeigen musste.
Sobald ihn einer der Erwachsenen auch nur ansah, verschlug es ihm die Sprache.
Die anderen Kinder lachten deswegen manchmal schon über ihn. Besonders Kai, der es ohnehin irgendwie auf ihn abgesehen hatte.
Kai ließ keine Gelegenheit aus, Lukas eine reinzuwürgen wo er nur konnte.
Es hatte keinen Sinn sich mit ihm anzulegen.
Kai war beliebt und niemand spielte so gut Fußball wie er. Kai war zudem mindestens einen Kopf größer als Lukas und viel kräftiger.
Kai wusste das natürlich auch, und er wusste das für sich auszunutzen. Allein schon wie Kai mit geschwellter Brust über den Pausenhof stolzierte wie der nervige Obergockel in einem Hühnerstall. Lukas mochte erst gar nicht daran denken.

Er gab ihm miese Schimpfnamen und äffte ihn nach, er lachte ihn aus oder redete schlecht über ihn. Das fand Lukas besonders gemein.
An manchen Tagen fühlte er sich deswegen noch schlechter als sonst.

Und wenn er dann auch noch das mürrische Gesicht des Busfahrers vor sich sah, reichte es ihm vollkommen. Im Grunde hatte er schon aufgehört daran zu glauben, dass sich daran jemals etwas ändern könnte.
Das war jedoch, bevor er an diesem Tag im Herbst einem rätselhaften Igel begegnete.
Lukas hatte ein Geräusch gehört, und als er den Igel in dem Blätterhaufen auf dem Boden entdeckt hatte, wollte er gerade ins Haus zurückgehen, um ein oder zwei Eier für ihn aus dem Kühlschrank zu holen.
Doch bevor er sich rühren konnte, begann der Igel zu zischen.
Er zischte ganz deutlich. Lukas erschrak ein wenig.
Lukas beugte sich zu dem Igel hinunter um zu sehen, ob ihm möglicherweise etwas fehlte

oder ob er verletzt war. Sein Gesicht war nun direkt vor dem Köpfchen des Igels. Er bemerkte erleichtert, dass dessen Augen völlig klar waren, nicht trüb wie bei einem kranken Tier. „Hallo Stachel", sagte er leise zu dem Igel. Er fand, dass dieser Name zu ihm passte. Lukas legte den Kopf ein wenig schief, um zu hören, ob der Igel gleichmäßig atmete.

Ihm fiel nichts Besonderes auf – außer, dass eine glänzende schwarze Rabenfeder auf dem Boden neben dem Igel lag.

Stachel rollte sich mit einem Mal auf dem Rücken im Laub herum, als wolle er spielen. Dann fühlte Lukas etwas Feuchtes in sein Ohr stupsen. Der Igel hatte ihm einfach mit seiner winzigen, nassen Igelnase mitten in sein rechtes Ohr gestupst. Schließlich drehte er sich um und verschwand mit seinen krummen Beinchen wieder zurück in die Nacht. Lukas starrte ihm verblüfft nach und nahm die Feder, die neben dem Igel auf dem Boden gelegen hatte, mit in sein Zimmer.

Über dem Bett fand er einen guten Platz für sie. Er konnte kaum einschlafen, weil er an

Stachel denken musste, doch als der Mond sein Fenster erreicht hatte, und die Feder über dem Bett einen weichen Schatten warf, wurde er müde.

Am nächsten Morgen noch dachte er an den Igel, während er in den Bus stieg.

Nicht einmal der lebhafte und stattliche Rabe auf dem Baum gegenüber der Bushaltestelle konnte ihn aus seinen Gedanken reißen.

Der Busfahrer saß am Steuer, beängstigend wie immer, den Blick stur auf Lukas gerichtet.

Lukas fühlte sich plötzlich schlecht, wie immer wenn er den Busfahrer sah.

Doch etwas war heute anders als sonst.

Obgleich es zunächst so wie immer zu sein schien, nahm er mit einem Mal ein Geräusch wahr.

Es war das eindeutige Quaken eines Frosches, und es schien aus dem Mund des Busfahrers zu kommen, obwohl der seine Lippen sehr fest aufeinander gepresst hielt. Das Geräusch klang so lustig und verband sich so perfekt mit dem Gesicht des Busfahrers, dass Lukas grinsen musste. Plötzlich hatte er überhaupt keine Angst mehr. Völlig ruhig zeigte er dem Frosch-Busfahrer seine Karte vor. Dann setzte er sich – komplett ohne weiche Knie auf seinen Platz. Noch kam ihm nicht in den Sinn, dass der Igel etwas damit zu tun haben könnte.

Erst als es in der Schule gerade so weiterging, wusste er, dass der Igel mit seiner kleinen schlabbrigen Nase sein Ohr verzaubert haben musste. Die Deutschlehrerin klang plötzlich wie eine zottige, anhängliche alte Katze.

Er konnte gar nicht mehr verstehen, warum er sich jemals vor ihr gefürchtet hatte. Vielleicht hatte ihm seine Angst auch einfach nur einen Streich gespielt. Beinahe kam es ihm nun so vor, als sei sie eine Katze. Getigert. Warum auch nicht...Lukas grinste.

Der Sportlehrer hingegen klang wie ein sehr zäher, doch schon etwas schwacher Esel, und die Bäckerin war eingehüllt in das abgehackte Gurren einer hinkenden und dabei gutmütigen Taube.

Mit einem Mal verstand Lukas genau, dass die Geräusche ihm zeigen sollten, wem diese Menschen am ähnlichsten waren.

Und weil er sie dadurch besser einschätzen konnte, verschwand seine Angst vor ihnen wie ein Schneeball, der in der Sonne schnell dahin geschmolzen war.

Er verstand, dass er keine Angst vor ihnen zu haben brauchte.

Leider war Kai ausgerechnet heute nicht in der Schule. Lukas hätte zu gerne gewusst welches Tier Kai gewesen wäre. Andererseits könnte es

sein, dass er es noch herausfinden würde: Da er am nächsten an Kais Haus wohnte, würde Lukas ihm die Hausaufgaben vorbeibringen müssen. Aber Lukas hatte es überhaupt nicht eilig damit. Er genoss erst einmal, so ganz für sich, dass er keine Angst mehr verspürte.
Als er auf dem Weg nachhause von weitem den Waldarbeiter sah, war seine Angst auf einmal jedoch wieder da.

Das Geräusch, welches den Mann umgab, war das eines Schwarms gereizter Wespen.

Und da begriff Lukas, welch großes Geschenk der kleine Igel ihm gemacht hatte.
Er hatte ihm die Gelegenheit gegeben mit seinen Ohren wahrzunehmen, vor wem es Angst zu haben sich lohnte und vor wem nicht.
Lukas dachte, dass auch der Igel vor dem Waldarbeiter abgehauen wäre.

Und daher empfand er es nicht mehr als Schande, als er genau dies auch machte.
Er flitzte nachhause was das Zeug hielt.
Rennen konnte er sehr schnell. In der Klasse gewann er beim Sport immer die Wettrennen.

Somit dauerte es auch nicht besonders lange bis er zuhause war. Daheim erzählte er Mama, die gerade mit der Katze spielte, von „Stachel", dem Igel, und von dem Waldarbeiter, der immer so gemein zu seinem Hund war, und vor dem er weggelaufen war.

„Ich finde, dass dieser Igel sehr klug war", sagte Mama - „weil er dir zeigte, wie du dich selbst beschützen kannst!"
Das verstand Lukas. „Ja, manchmal muss man das selbst können - das stimmt", räumte er ein.
Obwohl er zugleich wusste, dass das nicht immer etwas nützte.

Doch versuchen konnte man es immerhin.

„Muss noch bei Kai vorbei", erklärte er Mama, die fragend aufsah, weil Lukas sich nur einen Keks geschnappt hatte und wieder auf dem Weg nach draußen war.

„Der war heute krank."

„Bin mal gespannt, was für ein Tier Kai ist", lachte Mama. „Ich erst!" rief Lukas.

Aber unbehaglich war ihm schon.

Kai war ziemlich gemein; es war nicht gerade angenehm mit den Hausaufgaben zu ihm geschickt zu werden. Andererseits würde es spannend sein herauszufinden, welches Tier wohl hinter ihm stand.
Von weitem schon, man sah gerade erst das Haus von Kais Eltern, hörte er die Antwort: Es war eine jammernde alte Katze.
Sie hörte gar nicht mehr auf zu jammern und sich zu beklagen. Lukas musste ein wenig grinsen. Das Jammern wurde lauter je mehr er sich dem Haus näherte. Doch da sah er, dass da wirklich eine alte, kranke Katze mitten auf dem Weg saß. Lukas grinste nicht mehr. Besorgt beugte er sich zu der Katze hinunter.
Sie sah nicht sehr krank aus, doch ihm fiel auf, dass ihr Bauch angeschwollen war.
Kai saß weiter hinten auf einem Stuhl vor dem Haus und heulte. „Es ist wegen Maxime", schniefte er und deutete dabei auf die Katze.
So hatte ihn Lukas noch nie gesehen. „Was ist denn mit deiner Katze?", fragte er den schluchzenden Kai. „Keine Ahnung, sie hat

Schmerzen und niemand ist da, der sie zum Tierarzt bringen könnte." Kai wirkte wirklich verzweifelt.

Lukas sah sich die Katze noch mal genau an. Ihr Bauch war so dick als würde sie bald kleine Kätzchen zur Welt bringen.

Andererseits war es eine eindeutig sehr alte Katze. Es war eher unwahrscheinlich, dass ihr Bauch darauf zurückzuführen war. „Seit wann schreit sie so?", fragte er. „Seit heute Morgen, deshalb bin ich ja auch nicht zur Schule gegangen…." Kais Stimme zitterte.

Maxime erhob sich und versuchte ein Stück zu laufen. Lukas dachte sich, dass es so aussah als wollte sie ihr Geschäft erledigen, könnte es aber nicht. Sie sah nämlich, abgesehen von dem Bauch und dem lauten Gejammere, das wirklich erschreckend klang, gesund aus. Das brachte ihn auf eine Idee. „Habt ihr etwas Öl im Haus, vielleicht Sonnenblumenöl?"

Kai nickte und lief sofort ins Haus. Als er zurückkam, trug er eine Flasche Öl bei sich.

„Gut", befand Lukas. „Wo ist denn eigentlich ihr Wasserschälchen?" Kai zeigte zaghaft nach

rechts an den Gartenzaun, wo ein halb-
gefülltes Wassernäpfchen stand.

Lukas nahm es auf, tropfte ein wenig Öl hinein
und stellte es dann genau vor die jammernde
Katze. „Das ist richtig gut für dich, glaub mir",
sagte er ruhig zu ihr. Vorsichtig steckte die
Katze ihre Zunge hinein und begann das Öl und
das Wasser herauszuschlecken.

Dann verschwand sie humpelnd hinter einen
Holzstoß. Kai sah blass aus.

„Meinst du, dass das was bringt?" fragte er
unsicher. Lukas nickte. „Ich glaub' schon." Und
er behielt Recht. Kurze Zeit später kam die
Katze hinter dem Holzstoß hervor, streifte
Lukas beim Vorbeigehen, schleckte Kai am
Handrücken und legte sich laut schnurrend in
die Sonne. „Hey, danke Mann!" sagte Kai und
legte Lukas die Hand auf die Schulter.

„Ich war echt blöd zu dir in der Schule...tut mir
voll leid..."

Er sah zu Boden, und Lukas merkte, dass Kai
das ernst meinte. „Schon o.k.", murmelte er.
Etwas Besseres fiel ihm im Augenblick absolut
nicht ein.

„Mein Vater", sagte Kai und nickte mit dem Kopf in die Richtung der Einfahrt.

„Wenn man ihn mal braucht, ist er nie da." Verachtung klang aus seinen Worten. „Na ja, aber ihr könntet trotzdem noch beim Tierarzt vorbeifahren, das kann nicht schaden", versuchte Lukas ihn zu beschwichtigen.

Doch der Blick, den Kai in Richtung seines Vaters warf, war noch immer voller Wut.

„Ich muss jetzt gehen", sagte er zu Kai und drückte ihm eilig die Hausaufgabenblätter in die Hand. „Hätt´ ich fast vergessen, hier", murmelte er noch. „Alles klar, Mann, und danke!" rief ihm Kai spürbar erleichtert nach.

Lukas lief auf direktem Weg zurück nach Hause. „Und, welches Tier war Kai nun", fragte Mama interessiert. „Eine Katze", gab Lukas knapp zurück. Mehr wollte er nicht sagen. Das war ihm zu umständlich, diese Erklärung musste jetzt erst einmal reichen. Außerdem mussten Mütter ja nun auch wirklich nicht alles wissen.

Mama fragte nicht weiter nach. Stattdessen stellte sie Futter auf den Tisch. „Für Stachel!".

Sie gab Lukas eine kleine Schüssel in die Hand.

Lukas öffnete die Flasche, ging auf die Terrasse und füllte die kleine Schale auf. Er fühlte nun weniger Angst.

Rüdiger, die kleine Fledermaus, zog ihre Runde um das Haus, als Lukas auf der Terrasse stand.

Etwas raschelte ganz vorsichtig im Laub. Was es war konnte man nicht erkennen.

An diesem Abend sah er Stachel nicht. Auch an keinem der darauf folgenden Abende.

Doch er stellte jeden Abend eine Schale mit Futter an die Stelle, an der ihm der Igel begegnet war.

Lukas wusste, dass er es der Begegnung mit Stachel zu verdanken hatte, dass er jetzt viel weniger Angst hatte.

Und obwohl Lukas ihn durch den gesamten Herbst hindurch nicht wieder gesehen hat, ahnte er, dass Stachel nicht weit weg sein konnte.

Er spürte es genau, und dann gab es da noch etwas:

Die Schale mit dem Futter war jeden Morgen leer.

Kapitel 2 -
Kieran, der Rabe

Als es Winter geworden war konnte Lukas es einfach nicht mit ansehen, wenn Vögel im Winter durch das Schneegestöber irrten und nichts zu Picken fanden. Deshalb hatte er im Winter immer schon Vögel gefüttert.

Er hatte Körner für Meisen, Spezialfutter für die Enten im Stadtteich und einige kleine Vogelhäuser in seinem Garten.

Lukas war auf alles vorbereitet: auf Spatzen, Rotkehlchen und auf diverse Engpässe in der Futterversorgung.
Hierfür hatte er sich eine eigene kleine Vor-ratskammer in seinem Baumhaus eingerichtet.
Er mochte es, wenn er die Sachen im Griff hatte. Auch für Stachel, den Igel, hatte er immer etwas da.
Nur auf einen war Lukas nicht vorbereitet gewesen: auf Kieran, den Raben.

Kieran war ihm schon vor ein paar Wochen aufgefallen.

Er hielt sich immer in der Nähe des Gartens auf, in dem Lukas die Futterstellen für die Vögel errichtet hatte.

Und auch wenn es merkwürdig erscheint so etwas über einen Vogel zu sagen, Kieran sah beleidigt aus.

Es wirkte so, als fühlte er sich persönlich von der Tatsache beleidigt, dass Lukas all die anderen Vögel fütterte - aber nicht ihn, den prächtigsten aller Raben.

In der Tat, Kieran war ein außergewöhnlich stattlicher Rabe. Seine schwarzen, glänzenden Federn umrahmten seinen fein gezeichneten Kopf mit dem imposanten Schnabel und den so klug aussehenden rätselhaft-dunklen, leicht schimmernden Knöpfchen, die seine Augen waren. Man traute Kieran durchaus zu sich seine Nahrung selbst zu beschaffen. Heimlich hatte Lukas ihm sogar den Namen: „Der Rabenkönig" verpasst, und so war er gar nicht erst auf die Idee gekommen auch für ihn, für den „Rabenkönig" etwas Futter zu besorgen. Doch das schien sich nun zu rächen, denn Kieran ließ Lukas nicht mehr aus den Augen.

Er beobachtete ihn missmutig, wenn dieser die Futterknödel für die Meisen aufhängte. Er verfolgte ihn bis in sein Baumhaus und krächzte so schaurig wie er nur konnte. Dann legte er den Kopf schief und plusterte sich auf. Lukas wusste nicht so recht, ob er vor Kieran Angst haben sollte oder nicht. Sein Krächzen klang wahrlich schaurig, doch wenn er in seine glänzenden Augen blickte und das auf-geplusterte Federbündel so vor sich sah, dann konnte er gar nicht mehr anders als Kieran zu mögen. In der Tierhandlung, in der er immer das Spezialfutter für die Stadtenten und für Stachel zu holen pflegte, erkundigte er sich genau über die Nahrungsgewohnheiten von Raben. Der Verkäufer verstand zwar nicht warum Lukas ausgerechnet einen Raben füttern wollte, – doch schließlich konnte man dem Verkäufer daraus durchaus keinen Vorwurf machen. Immerhin hatte dieser Kieran noch nie persönlich gesehen.

Beim Metzger besorgte er sich sofort Tartar, der ihm vom Vogelhändler dann doch noch empfohlen worden war.

Und da man ja weiß, dass Liebe durch den Magen geht, wird es niemanden verwundern zu erfahren, dass dieser feine Tartar die Freundschaft von Lukas und dem Raben Kieran besiegelte.

Zum Dank zeigte Kieran ihm seine tollkühnsten Kunststücke, – wie den freien Fall in der Luft. Das gefiel Lukas. Aber noch besser gefiel es ihm, dass sich Kieran nach einiger Zeit sogar auf seine Schulter setzte.

Und so gab es eine Zeit, in der Lukas nie ohne Kieran zu sehen war.

Die anderen Raben konnten nach Kieran rufen wie sie nur wollten. Es änderte nichts. Kieran zog die Gesellschaft seines menschlichen Freundes vor. Einen ganzen Winter lang waren sie unzertrennlich.

Doch dann kam der Tag, an dem Kieran nicht mehr da war. Lukas suchte überall nach ihm. Er fand ihn nicht. In seinem Baumhaus fand er eine einzige schwarze, glänzende Feder. Es war nicht anders zu erklären: Kieran musste sie absichtlich dort für ihn hinterlassen haben.

Wahrscheinlich sollte es eine Nachricht sein. Eine Nachricht, die Lukas nicht entschlüsseln konnte.

Niemals hätte er gedacht, dass Kieran ihm so fehlen würde. Eigentlich machte ihm nichts mehr so richtig Spaß seit Kieran fort war, und manchmal war er wütend auf ihn, weil er einfach so davongeflogen war und ihn allein zurückgelassen hatte.

Die Feder jedoch trug er immer bei sich.
An einem Tag im April hörte er plötzlich ein bekanntes Krächzen. Kieran! Lukas rannte aus dem Haus. „Ich dachte ich würde dich nie mehr wieder sehen", rief er ihm entgegen.

Das hätte er wohl nicht sagen sollen. Kieran sah beleidigt aus. Ungefähr so, als hätte er sagen wollen: „Hast du denn meine Feder nicht bekommen?"

„Doch, klar habe ich deine Feder bekommen", sagte Lukas und zog sie aus seiner Tasche. Kieran wirkte nun wieder etwas zufriedener und plusterte sich sogar leicht auf. „Geht doch!" schien er sich dabei zu denken.
Dann trippelte er ein wenig seitwärts, nach links und nach rechts. Er wusste genau, dass das Lukas besonders gefiel, und ein bisschen

wollte er sich nach seiner langen Abwesenheit doch wohl auch wieder etwas beliebt machen.
So richtig glücklich war er aber erst, nachdem Lukas ihm beim Metzger den Tartar geholt hatte. Den Rest des Tages verbrachten sie im Baumhaus. Ich weiß nicht worüber sie sich dort unterhalten haben.

Man konnte ihre Schatten sehen und Kieran verputzte den gesamten Tartar vom Metzger.
Was sonst noch passierte kann ich nicht sagen.

Doch ich glaube bestimmt, dass Kieran von seinen Abenteuern zu berichten hatte, denn es wurde spät bis Lukas endlich wieder ins Haus kam.

Nur eines erzählte Lukas noch bevor er einschlief: Kieran hatte ihm einfach nicht versprechen wollen nie wieder fort zu gehen.
„Doch er hat mir versprochen immer mein Freund zu bleiben", hatte er hinzugefügt."
„Na, aber das ist doch mal was", sagte seine Mutter.
Lukas nickte, und als er schlief, da war ich mir sicher, muss er von Kieran geträumt haben.

Kapitel 3 -
Lukas und Ruby

Im ersten Frühjahr nach Kierans Erscheinen fühlte sich Lukas so gut wie noch nie zuvor.

Zumindest konnte er sich nicht daran erinnern jemals so unbeschwert gewesen zu sein.
Erst vor ein paar Tagen hatte er der Eule Gerda, die, seit Kieran bei ihm war oft vor seinem Fenster saß, mit ihrer verletzten Kralle geholfen, und nun konnte er ihre Schönheit bewundern, wenn sie mit weit ausgebreiteten Flügeln durch den Nachthimmel schwebte.

Er konnte sich nicht entscheiden, ob ihm ihr Flugstil oder der von Kieran besser gefiel. Aber andererseits war das auch gar nicht so wichtig. Beide waren auf ihre Art schön. Kai war so etwas wie sein Freund geworden. Erst neulich hatte er ihm einen alten Weltempfänger, ein besonderes Radio, für sein Baumhaus ge-schenkt. Auch Mama schien viel fröhlicher als sonst. Deshalb hatte er ihr ein Bild von Gerda und Kieran gemalt. Mama hatte es im Wohnzimmer aufgehängt und dabei hatte sie gelächelt. Das mochte er. Es war so selten geworden.

Noch im letzten Herbst war sie oft von so großer Traurigkeit erfüllt gewesen, dass sogar die Katze sich ratlos neben sie gesetzt hatte, um ihr, mit eingezogenen Krallen, mit der weichen Pfote über das Gesicht zu wischen, was wohl so etwas wie ein tröstendes Streicheln sein sollte.

Es war nicht so, dass Mama geweint hatte. Sie war nur oft so dagesessen mit einem Gesicht, das erstarrt wirkte, wie stehen geblieben.

Manchmal hatte er sich gewünscht, dass sie wenigstens einmal geweint hätte. Das wäre ihm weniger unheimlich vorgekommen.

Aber nun hatte er Mama schon eine Weile nicht mehr so gesehen. Die Katze streichelte sie zwar noch immer mit der weichen Pfote, doch vielleicht nur noch aus Gewohnheit.

Und sie hatte begonnen, ihm die Geschichte des Zauberers Euklesophos zu erzählen.
Euklesophos war ein ganz besonderer Zauber. So ist er seit alter Zeit, bis heute, der einzige

Zauberer, dem es tatsächlich gelungen war zwischen den Welten zu wandern.

Da es Menschen nicht gestattet war, von der *Einen Welt* zu der *Anderen* zu wandern, bediente sich Euklesophos einer List.

Er hatte die Gestalt einer Eule angenommen und war aus der Welt der Lebenden in die Welt der Seelen geflogen.

Was er dort sah hatte ihn in großes Erstaunen versetzt.

„Hätte ich das vorher gewusst", so soll er gesagt haben, „so hätte ich keine Sekunde Angst vor dem, was man „Tod" nennt, gehabt."

So gut gefiel es Euklesophos in der Welt der Seelen, von denen er viele seiner Freunde und Verwandten wieder erkannte, dass es ihm überaus schwer fiel, wieder in die Welt der Lebenden zurückzukehren.

Der lange Weg zurück war zudem weitaus beschwerlicher, als es der Weg dorthin jemals sein konnte.

Doch er tat es dennoch, um den Menschen die Angst vor dem Tod zu nehmen.

Er erzählte ihnen von den bunten Gärten, die direkt vor dem Land der Seelen und hinter dem schimmernden Land der Schneekönigin lagen, und in denen Vögel lebten in Farben, die man nie zuvor gesehen habe. Von der wunderbaren Wärme in diesen Gärten erzählte er, und wie sie in das Land der Seelen mündeten. „Sobald man die Gärten gesehen hat", versicherte Euklesophos, „versteht man all das, was man auf Erden nicht verstehen konnte, erst hier setzt sich das ganze Bild zusammen und ergibt einen Sinn."

Dann sagte er noch, dass das Leben ein rätselhafter Traum sei, und dass alles, aber auch wirklich alles, miteinander zu tun habe. Verstehen würde man das, sobald man die Gärten gesehen habe.

Viele glaubten ihm nicht. Zugegeben: Es klang auch recht unwahrscheinlich, dass sich ein Mensch, selbst wenn er ein Zauberer war, in eine Eule verwandeln und dann auch noch den Weg zu der Welt der Seelen hin und wieder zurückgelegt haben sollte, nur um den Menschen die Angst vor der anderen Welt zu nehmen. Euklesophos war darüber so traurig geworden, dass er die Gestalt der Eule wieder angenommen und sich in den Wald geflüchtet hatte. Dort erzählte er den Tieren vom Land der Seelen. Die Tiere, denen Trauer nicht fremd war, glaubten Euklesophos, denn sie spürten, dass er die Wahrheit sprach. Jedoch gefiel ihnen nicht, dass der Zauberer eine so große Sehnsucht nach dem Land der Seelen hatte, in dem alles so viel schöner, so viel friedlicher und farbenvoller sein sollte als hier auf der Erde. „Euklesophos", sprach der Rabe Korax, welcher der Klügste und Älteste unter den Raben des Waldes war: „Es ist schön, dass wir alle keine Angst vor dem Land der Seelen haben müssen. Doch sollte uns dieses Wissen nicht beruhigen und dafür sorgen, dass wir auch das Leben hier leben sollten, so traurig - aber auch so schön, wie es ist?"

Euklesophos, der weise war und daher immer genau zuhörte, nahm sich die Worte des Raben zu Herzen. Und der Rabe Korax gab ihm, damit er seine Worte nicht mehr vergessen sollte, eine seiner Federn.

Euklesophos lebte noch viele Jahre im Wald und auf den Lichtungen, und man erzählte sich, dass er das Leben, auch in dieser Welt, außerordentlich genossen haben soll.
Ein Baum im Wald zeugt noch heute von Euklesophos.

Lukas hatte begonnen die Geschichte von Euklesophos, die ihm Mama erzählt hatte, aufzuschreiben. Sie gefiel ihm.
„Ich hätte Euklesophos echt sofort geglaubt", dachte er sich häufig.

Und er mochte den Gedanken, dass auch Euklesophos eine Rabenfeder besessen hatte.
Denn auch er trug Kierans Feder immer bei sich. Sobald er sich ängstlich fühlte, oder traurig, berührte er den weichen Flaum, tastete sich am starken Kiel der Feder herab und fühlte sich sicherer. Sicherer und weniger allein. Er dachte an die farbigen Vögel in den wunderbaren Gärten und er fragte sich, wie sich ihre Federn wohl anfühlten.

Wenn Lukas nun erwachte, fühlte er sich nicht mehr so bedrückt wie noch im Herbst, bevor er dem Igel Stachel und Kieran, dem Raben, begegnet war.

Oft freute er sich nun sogar auf den neuen Tag, wenn er die Augen aufschlug.

Besonders dann, wenn, wie heute, auch noch die Sonne direkt auf sein Gesicht schien, noch vor dem Aufstehen. An solchen Tagen fühlte sich die Welt so gut an. Es hätte also sein können, dass dieser so vielversprechende Frühlingstag ein besonders schöner, ein ganz und gar sorgenfreier Tag für Lukas hätte werden können.

Doch das Schöne und das Traurige liegen manchmal gar nicht so weit auseinander.

Nachdem er das Haus verlassen hatte, um in die Schule zu gehen, hörte er ein verzweifeltes Fiepen irgendwo im näheren Umkreis.

Er setzte den Schulranzen ab und begann zu suchen. Es dauerte nicht lange, und er fand einen kleinen, verletzten und völlig blutver-schmierten Raben. Lukas sah mit einem Blick, dass er ihm nicht mehr würde helfen können.

Er nahm ihn vorsichtig aus dem noch tau-nassen Gras und legte ihn behutsam auf einen

Baumstamm. Sein Gefieder wirkte durch das Blut beinahe violett. Dann setzte er sich ruhig daneben und sprach ganz leise und sanft mit dem kleinen Vogel. Wenn dieser schon sterben musste, so sollte er nicht allein sein.

Der kleine Vogel sah ihn an. Er schien keine Angst vor Lukas zu haben, im Gegenteil, es schien ihn tatsächlich zu beruhigen.

Lukas vergaß alles um sich herum. Er sah nur noch den kleinen Raben, der zunehmend schwächer wurde.

Tränen liefen Lukas über das Gesicht, doch er zwang sich dazu, weiterhin ruhig und sanft mit dem kleinen Vogel zu sprechen.

Er sollte einen friedlichen und ruhigen Tod haben können. Plötzlich stand Mama hinter ihm. „Luki", sagte sie, „was ist mit dem Raben?" Lukas drehte sich zu ihr um, und sie sah an seinem Gesicht wie es um den kleinen Raben bestellt war.

Ohne weiter etwas zu sagen ließ sie sich neben ihm ins Gras sinken.

Gemeinsam wachten sie bei dem Raben bis es vorbei war. Auch Mama weinte still.

Es war das erste Mal seit Langem, dass er Mama weinen gesehen hatte. Doch das war jetzt gerade im Moment nicht wichtig.

Wichtiger war ein besonders schönes Vogelgrab für ihn zu schaffen. Mama hatte den gleichen Gedanken. Gemeinsam gingen sie ins Haus. Mama suchte einen mit bunten Blumen bedruckten kleinen Karton heraus, den sie mit Servietten auskleidete.

Für einen nachdenklichen Moment nahm sie die halbangefangene Laterne, die neben den Kartons auf dem Schrank stand, in die Hand. Lukas wusste es nicht, er sah nur etwas Helles über ihr Gesicht huschen, das der Abglanz der Sonne hätte sein können, doch das war der Augenblick, in dem Mama beschloss, dass sie diese Laterne mit ihm fertig stellen würde.

Sie fand, dass es nun an der Zeit war – selbst wenn Lukas mittlerweile zu groß war um an einem Laternenumzug teilzunehmen.

Als sie das Haus wieder verließen, sahen sie, dass der kleine tote Rabe nun Gesellschaft bekommen hatte. Krakan, ein größerer Rabe saß direkt neben ihm und krächzte laut und aufgeregt in den Wald hinein. Was dann geschah, hatten weder Lukas noch seine Mutter jemals zuvor gesehen. In kürzester Zeit füllten sich die Bäume rund um den Baumstamm, auf dem der kleine, blau-violett-schwarzem Raben lag, mit all den Raben des Waldes.

Sie alle waren gekommen um den kleinen Raben zu beklagen. Auch Kieran war unter ihnen. Es war unheimlich und doch auch von großer Feierlichkeit. Sie saßen eine lange Zeit da und ihr Krächzen klang bis weit in den Wald hinein. „Warum hab ich ihm denn bloß nicht helfen können?" weinte Lukas. Und Mama weinte auch. Doch plötzlich war da Stachel. Er saß neben der Futterschale auf der Veranda. Diesmal zischte er nicht. Er verschwand auch nicht gleich wieder. Er blieb den ganzen Tag bei Lukas und seiner Mutter bis in den Abend hinein. Lukas fand, dass der Rabe einen Namen haben sollte. Ruby gefiel ihm. Also schrieb er einen Zettel, den er auf das kleine Vogelgrab legte. „Hier liegt Ruby", stand nun darauf. „Ruby Blue". Mama nickte zustimmend. Es passt zu ihm. „Ruby Blue". Und es machte es persönlicher.

In der Abenddämmerung dann zeigte Lukas seiner Mutter Gerda, die Eule, und sie sprachen über die Geschichte des Zauberers Euklesophos und über das wunderbare Land der Seelen. Mama lächelte schon wieder ein wenig und sagte, dass es schon verrückt sei, wie traurig die Welt manchmal sein konnte und wie wunderschön zugleich. Lukas fand das auch. Mama nahm ihn lange in den Arm.

Sie erzählte ihm von ihrem Plan mit der Laterne. „Wir könnten sie abends auf der Veranda anzünden, was meinst du?"

Lukas nickte. Die Idee fand er gut. So eine Laterne könnte in den Nächten gar nicht einmal schlecht sein. „Weißt du eigentlich, dass du heute Schule gehabt hättest?" fragte sie noch.

Lukas nickte erneut. „Aber manchmal gibt es wichtigere Dinge", antwortete er.

Sie stimmte ihm zu, und sie beobachteten Gerda, welche in all ihrer Federpracht um das Haus flog, noch eine Weile. In dieser Nacht übernachtete Lukas im Baumhaus, Kieran blieb bei ihm – die ganze Nacht.

Lukas suchte den Weltempfänger von Kai nach Musik ab und Kieran trippelte im Takt dazu auf dem holzigen Boden umher.

So ein Weltempfänger war etwas besonders. Mehr als ein Radio.

Man hatte sozusagen die ganze Welt bei sich, wenngleich anders als man zunächst dachte.

In den Tagen und Nächten die folgten, war er kaum noch von Lukas Seite zu bekommen.

Lukas träumte nie schlecht, wenn Kieran bei ihm war. Manchmal nahm er nachts dessen Feder in die Hand, weil sie an den Seiten so beruhigend weich war.

Das zog nur die schönsten Träume an, und auch das Glück. Denn schließlich konnte es kein größeres Glück geben als solch einen guten Freund zu haben.

Der Sommer im Wald wärmte die Luft und erfüllte sie mit Leben.

Und auch Stachel, ich weiß nicht warum, zeigte sich von nun an wieder öfter.

Kapitel 4 -
Lukas und das Eulenkind

Die nächtlichen Flüge der Eule Gerda und Kierans Besuche im Baumhaus begleiteten Lukas nun regelmäßig. Manchmal wachte er nachts für eine kurze Weile auf nur um Gerda oder Kieran zu beobachten. Wenn sie um das Haus flogen, fühlte er sich so wunderbar beschützt.

Auch Stachel gab ihm dieses Gefühl. Und als er dann auch noch das Eulenkind sah, fühlte er sich rundum wohl.

Das Eulenkind, es musste von Gerda sein, da sich die Bruthöhle direkt gegenüber seinem Fenster befand, war soeben aus der Höhle geklettert und saß auf einem Ast, als Lukas auf es aufmerksam wurde.

Es war über und über von einem kleinen, zarten weißen Flaum bedeckt und wirkte ziemlich zerzaust.

Doch Lukas hatte es vom ersten Augenblick an ins Herz geschlossen. Schwer war das nicht!

Mit riesigen Augen sah es zu ihm herüber. Der zarte Flaum, der es umgab, zitterte im Wind.

Man konnte sich noch gar nicht vorstellen, dass aus diesem kleinen Etwas einmal eine so kraftvolle und elegante Eule wie Gerda werden würde.

Unvermittelt ließ es sich auf den Boden plumpsen und hüpfte zu Lukas, der halb im Haus, halb auf der Veranda stand. Schließlich gelangte es in seine unmittelbare Nähe.

Lukas lachte, weil er das Eulenkind so niedlich fand. „Ich lach dich nicht aus, ich lache dich an!" setzte er erklärend hinzu.

Er wollte nicht, dass die kleine Eule dachte er würde sich über sie lustig machen, nur weil sie noch so klein war.

So etwas hätte Lukas niemals gemacht. Aber die Eule kannte Lukas ja noch nicht, daher erschien es ihm einigermaßen sinnvoll zu sein, sie vorsichtshalber darauf hinzuweisen.

Doch die Eule schien nicht zimperlich zu sein.

Mit frechem Blick trippelte sie an Lukas vorbei ins Haus. Lukas war verblüfft. Das war selbst für ihn neu.

Zwar war er daran gewöhnt, dass verletzte Tiere auf die Veranda des Hauses kamen, doch wie dieser kleine Wicht sich da eben frech ins Haus gedrängt hatte, das war noch nie zuvor da gewesen. Soviel Selbstbewusstsein bei einem so kleinen Tier war durchaus beachtlich.

Mit einem Ruck drehte sich Lukas von der Tür weg ins Haus, um zu sehen wo die Eule war. Er sah sie nicht, aber er hörte sie blitzschnell über den Fußboden trippeln. Ganz kleine „Klacks" im ersten Stock.

Aufgeregt rannte Lukas nach oben. Auf einmal war es ruhig. Die Eule musste sich versteckt haben. Vorsichtig sah er sich um. Es war vollkommen leise im Raum.

Doch plötzlich raste von rechts ein kleiner, flaumbedeckter Eulenblitz an ihm vorbei und kreischte, wie Kinder es tun, wenn sie sich gegenseitig fangen.

„Na warte", dachte Lukas und grinste. „Dich krieg ich!" Doch das war gar nicht so leicht.

Die Eule war erstaunlich flink und verblüffend wendig.

Sie schien es darauf abgesehen zu haben Lukas abzuhängen und flitzte unerschrocken quer durch den Raum und wieder zurück, flatterte kurz an seiner ausgestreckten Hand vorbei und ließ sich dann die Treppe herunterplumpsen – wieder hörte er nur das kleine Klacken und Trippeln, dann war es ruhig.

„Ich finde dich!" rief Lukas; doch er war sich nicht so sicher wie er tat. Das Haus schien leergefegt, kein einziger Federflaum war zurückgeblieben. Misstrauisch sah Lukas zur Katze hinüber. Ob die etwa etwas mit dem Verschwinden des Eulenkindes zu tun hatte? Es waren keinerlei verdächtige Spuren im näheren Umkreis der Katze zu erkennen.

„Wo ist die Eule?" fragte er *Katze*.

Die Katze sah ausgesprochen gelangweilt zu Lukas und reckte sich. Sie schien nichts von dem Eulenkind mitbekommen zu haben, und außerdem mochte sie es nicht, wenn man sie nicht begrüßte, sondern gleich mit der Tür ins Haus fiel. Lukas beschloss auf der Veranda nachzusehen.

Und dort saßen sie einträchtig nebeneinander wie ein Liebespaar: Stachel, der Igel, und die kleine Eule, die eher wie ein wirres Knäuel aus Wolle aussah. Den rechten Flügel hatte sie vorsichtig über Stachel gelegt.

Die beiden wirkten sehr zufrieden und vertraut miteinander. Das gefiel Lukas. Er kam ein Stück näher, doch da begann Stachel zu zischen.

Es war offensichtlich: er wollte die Eule für sich allein haben.

Oder vielleicht doch nicht? Stachel sah ihn an und dann wieder die kleine Eule. Gerade so, als wollte er ihm etwas mitteilen, ihm ein Zeichen geben.
Die Eule war davon völlig unbeeindruckt, doch Stachel zischte nur so besonders, das wusste Lukas mittlerweile, wenn er ihm etwas oder jemandem zeigen wollte.

Obwohl er sich selbst lächerlich dabei vorkam, bemerkte Lukas, dass er auf die beiden eifersüchtig war.

Schnell ging er zurück ins Haus und setzte sich auf Mamas Sessel.

Sie war zu ihrem Spätdienst gefahren, und außer ihm und der Katze war niemand da.

„Hallo Katze", holte er die Begrüßung von vorhin nach.
Zögernd hob die Katze den Kopf und sah ihn mit halbgeschlossenen Augen träge an.
Sie hatte keinen anderen Namen als Katze.

Nicht, dass sich Lukas oder seine Mutter keine Gedanken über einen möglichen Namen gemacht hätten, im Gegenteil, sie hatten alle möglichen Namen für sie in Betracht gezogen.

Doch kein einziger Name schien letztlich besser zu ihr zu passen als einfach nur „Katze". Katze gähnte demonstrativ, klappte ihre Ohren spitz nach hinten und tappte dann in betonter Langeweile zu Lukas herüber.

Dann, in einem ganz plötzlichen Anfall von Bewegungsfreude, sprang sie mit einem geschickten Satz auf Lukas´ Schoß, hangelte sich an seinem Oberkörper hoch und kringelte sich beinahe wie ein flauschiges Kissen um seinen Kopf. Schließlich begann sie damit heftig zu schnurren. Dieses Schnurren vibrierte über seinen Kopf, durch seinen ganzen Körper, und er begann sich wohl zu fühlen.

„Du bist eben doch die Beste", sagte er mit geschlossenen Augen zu Katze, die daraufhin noch stärker schnurrte. Fast wäre er eingeschlafen, so gemütlich und warm war es mit Katze. Unvermittelt hatte er das Gefühl von außen beobachtet zu werden.

Er öffnete die Augen und sah die kleine Eule am Fenster sitzen und frech zu ihm und Katze hinüberstarren.

Mit dem Schnabel pickte sie leicht gegen die Scheibe, dann ließ sie sich wieder auf die Veranda plumpsen.

Lukas schüttelte den Kopf und seufzte.
Das konnte ja noch was werden mit dieser Eule! In seiner Hosentasche fühlte er Kierans Feder. Sie war so schön weich.

Lukas gähnte mit Katze noch ein wenig um die Wette, dann schliefen sie beide ein. Mama kam heute später als sonst nach Hause.
Sie war noch am Papierwarenladen vorbeigefahren und hatte Klebstoff und Pergament für die Laterne gekauft. Als Mama schließlich kam, fand sie Lukas und Katze in ihrem Sessel.
Beide schliefen. Doch auch sie fühlte sich plötzlich beobachtet. Schnell schloss sie die Rollläden, und wieder kam es ihr mit einem Mal so vor, als hätte eine kleine Eule sie gerade frech durch den Rollladenschlitz angestarrt.

Das werde ich gleich morgen Lukas erzählen, dachte sie sich noch als sie das Futter für Stachel vorsichtig auf die Veranda stellte.

Später ging sie noch einmal in Lukas Zimmer und sah ihn an, während er so friedlich schlief.
Dann zog sie ihm die Decke zurecht, die ein wenig über die Bettkante hinaus gerutscht war.
So etwas machte sie manchmal, wie Mütter eben nicht anders können.

Sie wusste nicht, dass Lukas längst die Bekanntschaft der kleinen Eule gemacht hatte, und dass er, während er schlief, bereits von ihr träumte. In seinem Traum wuchs die Eule zu einer mächtigen und prachtvollen Schönheit heran. Und höher noch als der Mond würden ihre Schwingen reichen.

Er war dem Wald und seinen Bewohnern so dankbar dafür, dass er jetzt viel weniger Angst vor den Dingen hatte. Doch gab es noch eine Angst, die zu stark in ihm war als dass er sie hätte ignorieren können. Zum Glück gab es für solche Fälle Agathe.

Kapitel - 5 Lukas´Angst

Lukas, der allein mit seiner Mutter im Wald wohnte, hatte Angst. Und wie viele Kinder aus der Umgebung fand er seinen Weg zu Agathe, einer alten Frau, die alleine mit einigen Raben im Wald wohnte. Man hielt sie, vermutlich wegen der Raben, für eine Hexe. Die Kinder allerdings glaubten das nicht. Raben, viele wissen das nicht, sind sehr soziale, sensible anhängliche und intelligente Wesen. Agathe wiederum war die freundlichste und klügste alte Frau die man sich nur vorstellen konnte. Lukas, der, seitdem seine Mutter einmal viele Stunden zu spät nachhause gekommen war, von der Angst besessen war sie könnte sterben, fand also seinen Weg zu Agathe. "Das war bei mir auch so, als ich so ungefähr in deinem Alter war", sagte Agathe. Meine Mutter hatte ein schwaches Herz, und oft bekam sie wenig Luft. Ihre Lippen sahen blau aus, und sie war weiß wie ein Nachthemd.

„Zu meiner Zeit waren Nachthemden immer weiß", setzte sie hinzu. „Ich hatte deswegen auch keine Geschwister, denn der Arzt hatte meiner Mutter verboten überhaupt Kinder jemals zu bekommen. Er hatte ihr prophezeit, dass sie spätestens bei der Geburt sterben würde. „Ich war auch nicht geplant", Agathe zögerte, dann lachte sie ein wenig und meinte schließlich: „Aber offenbar sollte es so sein, dass ich komme." Lukas dachte vor sich hin, dass er darüber auch ziemlich froh war, denn auf Agathe konnte keines der Kinder im Umkreis verzichten.

Zu wem außer zu Agathe konnte man wirklich gehen. Wenn man etwas auf dem Herzen hatte? Gut, Mama war schon für ihn da, keine Frage. Doch bei solchen Themen, wo es ja auch immerhin um sie ging, wollte er lieber mit Agathe sprechen. Niemand konnte so zuhören wie sie, abgesehen von seiner Freundin Mia, und ihre Antworten halfen ihm meistens. Gut, bei Mia taten sie das auch, doch ab und zu, das spürte er, kannte keiner die Antworten auf solche Fragen besser als eben Agathe. „Wenn es meiner Mutter so schlecht ging", fuhr Agathe fort, „dann habe ich mir oft überlegt was ich im Falle ihres

Todes machen sollte. Lukas wusste genau was sie meinte.

„Natürlich wusste ich damals nicht, dass meine Sorgen umsonst waren, denn sie wurde nicht weniger als 73 Jahre alt, was, zur damaligen Zeit und in Anbetracht ihrer Erkrankung, tatsächlich ein hohes Alter war.

Doch selbst da, und damit hatte ich als Kind nicht gerechnet, fehlte sie mir sehr. Als Kind denkt man manchmal, dass Erwachsene automatisch klarkommen, und dass es eine Leichtigkeit sei, seine Mutter zu verlieren wenn man selbst schon alt ist. Jedenfalls hatte ich mir das als Mädchen so vorgestellt. Als Kind jedoch konnte ich noch nicht einmal diesen Gedanken zu Ende führen, zu un-denkbar war er damals für mich. Dabei hätte ich als Kind viel eher jemanden gehabt, der sich um mich gekümmert hätte: Meinen Vater, meine Tanten und meine Großmutter.“

Sie goss sich Wasser in ein Glas, bot auch Lukas etwas an, und sprach weiter. „Als ich erwachsen war, war das nicht mehr der Fall. Ich fühlte mich zuerst sehr allein".

Sie dachte kurz nach, so als wäre sie nicht sicher, ob sie weitersprechen sollte oder nicht. „Es hat sich dann etwas geändert", brachte sie schließlich hervor. „Wie denn, was denn?", wollte Lukas wissen. „Na ja, es ist schwer zu erklären". Sie sprach nun sehr leise, „aber plötzlich merkte ich, dass meine Mutter ständig bei mir war und mich begleitete." „Wie ein Engel?", wollte Lukas wissen. „Schwer zu sagen", antwortete Agathe.

„Vielleicht schon auch wie ein Engel, aber das meine ich nicht."

Sie stand auf, ging zum Regal und holte ein großes Kochbuch hervor. „Schau es dir mal an", forderte sie Lukas auf. Das Buch war sehr alt, der Einband etwas fleckig, und in dem Buch standen Rezepte, die von Hand geschrieben waren.

Lukas konnte die alte Handschrift nicht richtig entziffern, aber es waren trotzdem eindeutig Rezepte, das sah er an der typischen Anordnung. „Das ist ein Beispiel", erklärte ihm Agathe. „Ich habe damit begonnen nach ihren Rezepten zu kochen, aber das war längst nicht alles. Immer wieder fiel mir plötzlich auf, dass ich so war wie ich bin, weil es sie gegeben hat. Sie hat mir gezeigt wie man verletzte Vögel und Igel füttert und wieder aufzieht, dass man freundlich zu den Menschen sein soll, weil keiner von ihnen es am Ende leicht haben wird – all dies.

Und jedes Mal, wenn wieder einmal ein Vogel auf meiner Veranda meine Hilfe brauchte, oder mir jemand sagte wie freundlich ich sei, da war meine Mutter plötzlich bei mir, und es ging etwas von ihr aus, so etwas wie ein warmes, wunderbares Licht. Ich habe sie nicht wirklich gesehen", setzte sie erklärend hinzu, „doch ich habe gespürt, dass sie da war.

Ich habe es in diesen Augenblicken einfach nur gewusst." Sie nahm das Buch, klappte es behutsam zu und stellte es wieder ins Regal. „Im Nachhinein denke ich, dass es auch so gewesen wäre, wenn ich sie schon als Kind an die andere Seite verloren hätte, wobei „verloren" – nach allem – nicht das richtige Wort ist." Lukas nickte. Irgendwie konnte er sich das auch gut vorstellen.

„Natürlich wäre es trotzdem ganz unfassbar schrecklich gewesen, das ist gar keine Frage!", räumte Agathe ein. Dann schwiegen sie und Lukas gemeinsam für eine Weile bis sie zusammenfasste: „Doch in jedem Schrecken, in jeder Not ist irgendwo eine Rettung, die uns findet." Sie trank etwas Wasser.

„Daran glaube ich ganz fest", ergänzte sie dann. Lukas musste nun daran denken, dass Agathes Tochter früh gestorben war, und dass sie sicher wusste wovon sie sprach. „Das weißt du ja schon, Lukas", ergänzte sie nun: „Das Schöne und das Schreckliche sind oft nicht so weit voneinander entfernt. Also, Lukas: Wenn das Schreckliche dich zu ersticken droht, dann bleibt dir gar nichts anderes übrig als nach dem Schönen zu schauen."
Jetzt musste er an Ruby, den kleinen Raben, und an Mia denken. Mia, die einmal gesagt hatte, dass man von allem Schlimmen das Gegenteil denken müsse, wenn man Angst habe. Kein Wunder, dass die beiden, Mia und Agathe, sich so gut verstanden. „Ich habe eine Idee, Lukas!" Agathe holte ein großes Stück

Papier und Stifte, die sie auf den Tisch legte. „Warum zeichnest du nicht ein Bild für Deine Mutter?

Das kannst du doch so gut." Sie war nicht die Einzige, die so dachte.

Erst vor wenigen Wochen hatte Lukas einen Zeichenwettbewerb gewonnen, und im Rathaus waren sogar einige seiner schönsten Zeichnungen ausgestellt.

Während er zeichnete, stellte er fest, dass Agathe wieder einmal Recht hatte. Irgendwie half das Zeichnen in diesem Augenblick am besten gegen die Angst seine Mutter zu verlieren. Denn während er ein Bild von Kieran malte, stellte er sich ihr Gesicht vor.

Wie sie sich freuen würde. Dieses Gefühl breitete sich in ihm aus wie die Flügel, die Kieran auf dem Bild in den Himmel spreizte.

Und in diesem Augenblick war keine Angst mehr in ihm, sondern nur noch Freude.

„Wie gut du Kieran hier getroffen hast!", bemerkte Agathe. Lukas wiederum dachte, dass Agathe ziemlich auf Zack sein musste, weil sie Kieran sofort erkannt hatte. Immerhin war er bei weitem nicht der einzige Rabe auf ihrer Veranda.

Als könnte sie seine Gedanken lesen, stellte sie energisch fest: „Aber hör mal, Lukas, ich werde doch wohl Kieran noch erkennen!"

Das verstand er sofort. Denn immerhin gab es weit und breit niemanden, der so genau hinsah wie Agathe.

Noch während er malte beschloss er, auf dem Rückweg Kai zu besuchen.

Kais Katze, Maxime, war sehr krank und Lukas wusste, dass man in einem solchen Fall seine Freunde noch nötiger brauchte als sonst.

Agathe setzte derweil Annie, der Puppe ihrer verstorbenen Tochter eine kleine Mütze auf und fügte den passenden Schal hinzu.

„Ja, ist so", dachte sich Lukas, „manche Leute würden sie deswegen ganz sicher für verrückt halten. Aber was gehen die uns an?"

Er blieb, bis das Bild fertig war.

Kapitel 6 – Rabenschwingen

Mia war Lukas' beste Freundin. Sie sah die Dinge gelegentlich ein bisschen anders als Agathe.

Auch Kai sah sie anders. Klar, manchmal gab es Überschneidungen. Aber insgesamt glaubte jeder von ihnen etwas Anderes, und genau das war es, was Lukas so gefiel. Es gab nicht nur eine Wahrheit – sondern viele. Agathes Wahrheit war nicht Mias.

Auch wenn sie häufig nur gering voneinander abwichen. „Einen richtigen Trost gibt es nicht!", hatte Mia einmal gesagt. Es war um Katha und seinen Vater gegangen. Darum, dass die beiden nicht mehr lebten, nicht mehr bei ihm und seiner Mutter waren. Ja, er mochte die Geschichte von Euklesophos, dem großen Zauberer. Er fühlte sich aufgehoben von Agathes Art die Welt zu sehen, und er mochte Kais Ideen, wenn es darum ging die Zeit im Kopf zurückzudrehen und für eine Weile anzuhalten. Doch gelegentlich war es nur Mia, auf die er hörte, wobei es in diesen Momenten oft gar nicht so sehr um das Hören ging. Im Gegensatz zu Agathe sprach Mia dann nicht lange. Sie brachte ihn einfach auf irgendeine Idee. „Weißt Du", meinte sie, „ich stelle mir gerade genau vor wie es wäre zu fliegen. Vielleicht wie ein Rabe?" „Ja", stimmte ihr Lukas zu. „Zuerst würde ich schrumpfen, und meine Beine würden dünner werden. Statt Armen wüchsen mir Flügel, meine Augen wären kleine, schwarze Knöpfe. Sie ständen in einem anderen Abstand zueinander, und mein Körper wäre voller schwarzer, seidiger Federn. Ganz weit würde ich meine Flügel ausspannen. Wahrscheinlich müsste ich erst einmal Anlauf nehmen, da es mein erster Flug wäre, und vermutlich wäre es zu Beginn nicht gerade elegant. Doch dann käme ein Aufwind und trüge mich immer höher und höher hinauf. Ich hätte überhaupt kein Gewicht mehr, alles wäre ganz frei und leicht. Ich würde vor Freude etwas rufen wollen, doch aus meinem Schnabel würde ein Krächzen ertönen. Zuerst würde mich das Geräusch erschrecken, doch dann flögen die anderen Raben neben mir, und sie hätten mein Krächzen verstanden. Gemeinsam würden wir rasant durch die Lüfte sausen, immer schneller und höher. Von oben sähe die Welt ganz anders aus, und der Wind würde mein Gefieder durchpusten wie mich selbst. Nach so einem Flug verlöre ich dann Stückchen für Stückchen an Flughöhe, um mich schließlich auf dem Ast eines Baumes ein ganz klein wenig auszuruhen. Möglicherweise würde ich eine Kleinigkeit fressen, um mich etwas zu stärken. Doch dann...dann breitete ich wieder meine Flügel aus, soweit ich es nur könnte, und ich ließe mich wieder von dem Aufwind bis ganz nach oben treiben. Über die Baumwipfel hinweg, so hoch, dass mir alles da unten nur noch winzig klein vorkäme." „Darf ich mitfliegen?", wollte Lukas wissen. „Keine Frage", bestätigte Mia. Du, und natürlich Kai." „Ich denke, das wird ihn freuen." „Glaube ich auch. Aber wahrscheinlich wird er das mit dem Fliegen übertreiben- so wie alles andere auch." Ja, man konnte sich Kai tatsächlich unschwer als Raben vorstellen. Als einen, der so seine eigenen Regeln aufstellte – egal bei was.

Bei dem Gedanken musste Mia lachen, und Lukas konnte nicht anders als auch zu lachen – denn Fliegen und Lachen sind ganz notwendigerweise ansteckend.

Kapitel 7- Kieran und Maxime

Kieran hatte noch einen anderen Freund der kein Rabe war. Von Lukas also einmal ganz abgesehen. Es handelte sich zudem um eine Freundin, doch sie war weder Vogel noch Mensch. Vielmehr handelte es sich bei ihr um niemand Geringeren als um Maxime, Kais alte Katze. Maxime konnte die Krallen ihrer Pfoten so komplett einziehen, dass nur noch so etwas wie samtene Hornhaut an den Unterseiten ihrer Pfötchen übrig war. Damit streichelte sie Kieran. Es klingt unglaubwürdig, doch das ist es nicht. Kieran genoss das ganz offensichtlich. Er saß neben ihr im Gras, während sie bemüht war genau abzuschätzen wie sie ihre Pfötchen bewegen musste, um Kieran nicht zu er-schrecken, von Verletzen ganz abgesehen. Ganz sanft strich sie ihm über das Gefieder, nur Lukas und Kai haben das jemals zu Gesicht bekommen, denn für die Öffentlichkeit war das nicht gedacht. Maxime wusste, dass es sich für eine anständige Katze eigentlich gehörte Vögel zu jagen- und nicht sie zu liebkosen. Kieran wiederum wollte nicht zum Gespött der anderen Raben werden. Einmal mit einer Katze beim Schmusen erwischt, und man hatte ein ganzes Rabenleben lang mit dem Spott der anderen zu rechnen. Es war nicht generell so, dass Raben immer unter sich blieben. Gelegentlich befreundeten sie sich mit Menschen, zuweilen mit anderen Vögeln, vor allem, wenn sie sich gegenseitig vor Feinden warnten. Ja, in Afrika gaben sie sich, der Beute wegen, sogar mit Löwen ab und halfen diesen beim Jagen. Aber eine so bizarre Freundschaft zu einer einfachen Hauskatze! Er wäre wohl nicht mehr lange der Rabenkönig geblieben. Als Spottfigur hätte er sich in den dunkelsten Winkel des Waldes oder aber für immer in Lukas´ altes Baumhaus zurückziehen müssen. Er schüttelte allein schon bei der Vorstellung voll Entsetzen sein Gefieder. Ja, erwischen lassen durfte er sich nicht. Kieran wusste wann die Luft rein war, und Maxime gab ihm all die Streicheleinheiten, die ein stolzer Rabe ab und an brauchte- auch wenn er es niemals zugegeben hätte. Niemals!

Kapitel 8- Kai und Maxime

Alle sagten Maxime, Kais alter Katze, mittlerweile den baldigen Tod voraus. Nur Lukas und Mia hielten sich zurück. Zum einen war es ohnehin offensichtlich, zum anderen wollten sie ihren Freund Kai nicht noch zusätzlich traurig machen. Sie wussten nämlich genau wie sehr Kai an seiner Katze hing.

Besonders in den schweren Tagen nachdem seine Mutter die Familie über Nacht verlassen hatte und weggegangen war, hatte ihn nur noch Maxime erreichen können.

Heimlich hatte er sie ins Bett gelassen.

Er wusste genau, dass sein Vater nicht davon begeistert war, wenn ein Tier mit im Bett lag, doch Maxime lag so ruhig und sanft auf seinen Beinen, ordentlich am Fußende zusammengerollt, wie ein warmer Zimtkringel und dabei ganz leise schnarchend, so dass es Kai niemals übers Herz gebracht hätte sie an einer anderen Stelle schlafen zu lassen. Doch nun, da Maxime alt und krank geworden war, wollte sie nicht mehr auf dem Bett liegen.

Aus irgendeinem Grund zog sie es vor alleine draußen, in der schlimmsten Kälte zu schlafen, und niemand, auch nicht Kai, konnte sie davon abbringen.

Er hatte einmal gehört, dass Tiere zum Sterben nach draußen gingen, und da es anscheinend ihr Instinkt und ihr Wunsch war, wollte er sie nicht davon abbringen.

In den Nächten, in denen Maxime nun nicht mehr auf seinen Beinen schlief, konnte Kai kaum Schlaf finden. Noch vor dem Frühstück ging er nach draußen, um nach Maxime zu suchen, wobei er jedes Mal davon überzeugt war, dass er sie nur noch tot auffinden würde. Allerdings, zu seiner Freude und auch zu seiner Überraschung, lebte Maxime noch immer und ließ sich, wenigstens zum Fressen und zum Aufwärmen, von ihm ins Haus bringen. In den Nächten kam es ihm trotzdem so vor, als sei sie bereits gestorben, was ihn sehr mitnahm.

Plötzlich jedoch hörte er ein vertrautes, leises Kratzen an seiner Balkontür. Maxime!

Er öffnete ihr, und mit einem Satz sprang sie, obgleich sie so dünn und hinfällig erschien, auf ihren alten Stammplatz. Kai konnte sein Glück gar nicht fassen. Er lauschte auf ihr leises Schnarchen, fühlte ihren leicht gewordenen, kleinen Körper auf seinen Füßen und dachte sich: „Ja, sie wird bald sterben. Aber jetzt, genau jetzt ist sie noch bei mir." So glücklich wie schon lange nicht mehr schlief er ein. An einem der letzten Tage des Winters dann war es Lukas, Kais Freund, der ihm dabei half Maxime in eine Decke zu wickeln und zu seinem Vater zu bringen. Sie war tot. Maxime war tot! „Hör mal Kai", sagte sein Vater etwas verlegen, da ihn die Tränen seines Sohnes etwas hilflos machten, „sie hatte ein sehr langes und ein ganz wunderbares Katzen-leben." Lukas sagte nichts. Er wusste genau, dass in solchen dunklen Momenten alles, was man nur sagen konnte, ziemlich wenig half.

Daran war nun einmal nichts zu Rütteln.

Aber noch im Winter, am Tag, an dem Maxime gegangen war, fasste Lukas den Entschluss, sich im Frühjahr mit Kai auf die Stufen vor dem Haus zu setzen.

Dort, wo Maxime immer am liebsten gewesen war. Dort würden sie an sie denken. Doch das sagte er ihm jetzt noch nicht. Das würde nicht passen.

Ein Freund wusste so etwas. Und deswegen sagte er gar nichts, und half Kai dabei, den kleinen Grabstein für Maxime zu beschriften und zu verzieren.

Im Frühsommer war es dann soweit.

Die Stufen vor dem Haus waren von den Sonnenstrahlen vollkommen durchwärmt.

Kai und er saßen vor dem Haus auf der Treppe, dort wo Maxime am liebsten gewesen war. „Sie war echt toll", sagte Lukas vorsichtig.

Er musste gar nicht einmal mehr sagen *wen* er damit meinte.

Kai wusste es auch so. „Ja". Sie saßen bis zum frühen Abend dort und sprachen miteinander. Von weitem habe ich sie gesehen.

Vielleicht haben sie von Maxime geredet. Vorstellen könnte ich es mir gut.

Vielleicht erzählte Kai von dem Tag, an dem Maxime sich in der Vorratskammer des Nachbarn mit sieben Würstchen eingedeckt hatte. Oder von dem Tag, als die gesamte Feuerwehr anrücken musste weil niemand, nicht einmal Kai, sie vom Dach des Hauses locken konnte. Vielleicht sprachen sie aber auch von dem Tag, an dem Maxime wild entschlossen einen Einbrecher verjagt hatte, oder von der Nacht, in der sie ausgerechnet einen jungen Fuchs adoptieren wollte.

Sicherlich gab es unendlich viel über Maxime zu sprechen. Sie war eine ganz besondere Katze gewesen, soviel stand nun einmal fest. Lukas und Kai wussten das natürlich: Eine Katze wie Maxime würde immer in Erinnerung bleiben. Ich sah sie nun deutlich vor mir.

Kapitel 9 – Maximes Botschaft

Einige Monate nach Maximes Tod träumte Kai von ihr. Es war kein Traum wie sonst auch.

Vielmehr kam es ihm tatsächlich so vor, als wolle sie ihm mitteilen wo sie jetzt sei. Sie saß auf einer reichlich bepflanzten Dachterrasse, irgendwo im Süden. Es sah aus wie Italien, aber doch auch wieder anders. Maxime saß dort in einem kleinen Gärtchen, welches sich auf eben dieser Terrasse befand. Es war ein kleines Katzen-Paradies. Das konnte man deutlich sehen. Die Sonne schien auf Maxime herunter, und sie selbst sah wieder ganz gesund aus - so wie sie vor ihrer Krankheit ausgesehen hatte. Kai glaubte sonst nicht an diese Dinge. Wenn Lukas ihm mit dem Zauberer Euklesophos kam, dann sagte er nichts. Viel konnte er mit solchen Dingen nicht anfangen. Doch das hier war etwas Anderes gewesen. Maxime wollte ihm eine Botschaft schicken. Eine Botschaft darüber, dass es ihr nun gut ging. Ob sie tatsächlich auf dieser kleinen Dachterrasse war, oder ob diese Bilder nur für ihn angepasst worden waren, so dass er sich besser etwas darunter vorstellen konnte, das wusste er natürlich nicht. Doch die Botschaft dahinter verstand er. Maxime wollte ihn- selbst jetzt noch - trösten. Wie oft hatte er auf das kleine Grab im Hintergarten geschaut, voller Wehmut und Trauer darüber, dass sie nun dort war, und wie oft hatte er, noch Wochen nach ihrem Tod, die Haustür ganz automatisch geöffnet, um sie hereinzulassen. Eine Angewohnheit, die er erst sehr mühsam wieder loswerden konnte.

Auch in den Himmel hatte er gesehen.

Wahrscheinlich sah so ziemlich jeder einmal in Richtung Himmel, wenn er jemanden, den er geliebt hat, dort oben vermutet. Kai hatte es ebenfalls so gehalten. Doch nun, nach diesem Traum, fand er, dass Maxime tatsächlich am besten auf eben dieser Terrasse aufgehoben sei. Jeder bekam vielleicht genau das Paradies, welches für ihn bestimmt war.

Wäre Maxime ein Rabe gewesen, wie Krakan,

Korax, Kira oder Kieran, so wäre die Luft ihr Element, der Himmel. Natürlich, er dachte in den Bildern, die er aus seinem Leben kannte.

Doch andere Erfahrungen hatte er eben noch nicht, und er brauchte sie auch nicht. Wenn er an Mia und an Lukas dachte, an Kieran und an all die Raben, welche den Himmel über dem Wald bevölkerten, ja, dann konnte er sich denken, dass ein Vogelparadies etwas anderes sein musste als ein Katzenparadies.

Was wäre das Seine? Vermutlich gab es unendlich viele Arten von Paradiesen. Doch jetzt wollte er nicht darüber nachdenken.

Er wollte in Gedanken bei Maxime sein, die Zeit mit ihr noch ein bisschen ausdehnen, sich ganz auf diesen Traum mit ihr konzentrieren.

Kai erinnerte sich an die eine Nacht, in der er deutlich ihr Schnurren vernommen hatte.

Nun, nach diesem Traum war er sich sicher, dass es sie noch gab – irgendwo da draußen.

Und er wünschte ihr von Herzen genau diese wunderbare kleine Dachterrasse im Süden mit den Gräsern und der Sonne.

Die Sonne hatte sie immer so geliebt. Die Wärme überhaupt. Sich vorzustellen, dass sie jetzt genau an einem Ort war wo alles so war wie an den schönsten Tagen ihres Erdenlebens hatte etwas Beruhigendes. Auch wenn sie jetzt nicht mehr bei ihm war: Zu wissen, dass sie gut aufgehoben war, war etwas, das ihn ungemein tröstete.

Kapitel 10- Die Sprache der Raben

„Sag mal Mia", Lukas war jetzt doch neugierig geworden. „Als Du da oben geflogen bist, und die Raben Dich verstanden haben – hast Du sie da auch verstanden?"„Also, Lukas", Mia schüttelte den Kopf. „Erstens mal habe ich sie natürlich verstanden, da ich immerhin ja auch ein Rabe war, und zweitens...ich hab mir das doch nur vorgestellt!" Sie sah ihn etwas besorgt an, so als zweifelte sie an seinem Verstand. Besorgt und belustigt zugleich. „Jaaaa, klar." So schlau war sie nun wohl wieder auch nicht. Wusste sie denn nicht, dass man all das sein konnte, was man sich nur vorstellte, und dass sogar der Traum manchmal ebenso „real" war wie das, was man Wirklichkeit nennt? Fast wurde er ein wenig ungeduldig. Von Mia hatte er mehr erwartet. Diese blickte ihn jetzt von der Seite an. Auf ihrem Gesicht lag dieser un-widerstehliche Gesichtsausdruck, der es Lukas einfach unmöglich machte ihr irgend etwas zu verübeln. „Ich weiß doch, Lukas. Glaubst Du, dass ich das nicht wüsste? Pass auf: Ich bringe Dir jetzt die Sprache der Raben bei. Ok?" Natürlich war Lukas einverstanden. „Also, gut", begann Mia. „Ein lautes AHHHHHHHH bedeutet „Hallo", oder auch „Wie geht´s denn so?„AHHHHHHHHH?" „Ja", bestätigte Mia. „Wenn Du aber ein AH ahhhhhhh hörst, so nennen sie damit ihren Namen. Das ist das Schwerste. Ich bekomme es nicht so richtig hin die Unterschiede zu hören. Aber es ist ihr jeweiliger Name, AH ahhhhhhh oder AH ahhh und so weiter. Je nachdem wer sie sind. „Lukas konnte sich das gut vorstellen, vor allem weil Mia es unfassbar gut nachkrächzen konnte. „Wenn sie einmal Ah Ah ahhaaaaa schreien, dann haben sie Hunger!". Wieder klang das sehr glaubhaft. „Und, da Du ja weisst, dass Raben soziale Tiere sind, wird es Dich nicht wundern zu erfahren, dass sie gleich viermal Ah Ah ahhaaaaaaaa schreien um ihrer Familie mitzuteilen, dass sie genug zum Fressen für alle gefunden haben." Lukas probierte es sofort lautstark aus: „ Ah Ah ahhaaaaa, Ah Ah ahhaaaaa, Ah Ah ahhaaaaa, Ah Ah ahhaaaaa!"

Und tatsächlich: Kieran erschien wie auf Befehl. „Toll, und jetzt habe ich nichts für ihn!" „Kein Problem", versicherte Mia und begann mit einem schrillen: „ Ah Ah ahhaaaaa, Ah Ah ahhaaaaa, Ah Ah ahhaaaaa, Ah Ah ahhaaaaa, Ah Ah ahhaaaaa!" Kieran flatterte verdutzt davon. „Was war das jetzt wieder?" „Das", erklärte ihm Mia triumphierend, „bedeutet „Gefahr". Es wird dann fünfmal hintereinander gekrächzt. Du hättest es auch mit einem „ Ah Ah ahhaaaaa, Ah Ah ahhaaaaa, Ah Ah ahhaaaaa, Ah Ah ahhaaaaa, Ah Ah *ahwaaaaa*! Versuchen können. Aber das hätte Dir Kieran vielleicht nicht abgenommen!" „Warum denn nicht?" Lukas war verblüfft. „Na, weil das heißt: Vorsicht vor Adlern!" „Na und?" „Was meinst Du mit na und?" „Hast Du hier in der Nähe schon einmal einen Adler gesehen?" „Eigentlich nicht", gab Lukas kleinlaut zu. „Siehste! Und das weiß Kieran doch auch!" Lukas nickte. Raben waren super-schlau und mit Sicherheit nicht so plump auszutricksen. Das leuchtete Lukas ein. „Vielleicht fang´ ich nochmal ganz von vorne an!" „Gute Idee, bekräftigte ihn Mia. Und Lukas stellte sich den Raben vor. Zuerst leise und etwas kläglich, dann immer selbstsicherer: „AHHHHHHHH" rief er. „AHHHHHH!"

Er dachte an das Geräusch der Raben, als sie Ruby beklagt hatten, und der Wunsch ihre Sprache zu verstehen wuchs, je mehr er dieses AHHHHHH AHHHHH, in den Wald hineinrief. Wieder erschien Kieran. Er ließ sich geduldig auf Lukas´ Schulter nieder und lauschte ihm, während er übte. Lange dauerte es nicht, so viel sei verraten, bis Lukas die Sprache der Raben beherrschte. Mia war mehr als zufrieden mit ihm. „Hast Du ganz schön schnell gelernt, muss ich schon sagen! Jetzt fehlt nur noch das Fliegen." Sie grinste und Lukas, dem es schwerfiel ernst zu bleiben wenn sie das tat, meinte nur: „Das kommt noch!". Im diesem Leben nicht, dachte er sich, aber irgendwann, irgendwann werde ich genau das tun. Mia sah ihn nun an als hätte sie genau den gleichen Gedanken wie er. Verwunderlich wäre das gar nicht gewesen. Es kam nämlich häufig vor.

Die Sprache der Raben zu verstehen half Lukas in den Tagen nach Weihnachten, die man bei ihm vorwiegend die „rauhen" oder auch die „rauen Nächte" nannte.

In den Straßen lagen bereits die schnell wieder abgeschmückten, noch grünen Weihnachtsbäume. Eine schreckliche Verschwendung, wie Lukas fand. Niemand interessierte sich nun noch für sie. An einigen der armen Bäume hing noch ein vergessener Stern oder irgendeine andere Dekoration.

Doch gab es jemanden, der sich, nach wie vor, für die abgeschlagenen Tannen einsetzte. Das waren die Raben. Lukas erkannte, dass auch sie heftig um diese Verschwendung von Leben trauerten.

Nur Tage zuvor hatten die Bäume die Zimmer geschmückt, waren Mittelpunkt des Abends gewesen, nur um nun einfach weggeworfen zu werden, ihrem Schicksal überlassen, welches ihnen die Nadeln rauben würde und sie dann, nach langer Zeit, wieder zu Erde werden lassen würde. So lange waren sie gewachsen, hatten sich im Wald ebenso wohl gefühlt wie die Raben, wie alle Lebewesen im Wald und nun das! So sammelten sich die Raben in der Nähe der unsanft ausgestoßenen Bäume. Dieses Schauspiel ereignete sich Jahr für Jahr.

Selbstverständlich sagte man den Raben nach, dass sie lediglich an den gelegentlichen Resten des glitzernden Schmuckes interessiert seien, doch Lukas und Mia wussten es besser.

Immerhin verstanden sie nun ja ihre Sprache. So wussten beide, dass die Raben tatsächlich um die entwurzelten Bäume trauerten. Einen Baum in der Umgebung gab es, der noch lange stand. Das war Lukas´ Baum oder der Baum seiner Mutter. Obwohl ein jeder Baum, wie ich finde, ja eigentlich niemandem außer sich selbst gehört. Bei Lukas´ Mutter durfte alles ganz lang bleiben. Selbst dann, wenn es nicht mehr jung und neu aussah. In einem Jahr kam Lukas daher auf die Idee ihr viele kleine Raben aus Kohlepapier zu basteln und ihr als besonderen Weihnachtsschmuck zu schenken. So saßen in jenem Jahr die echten Raben laut krächzend draußen, auf den weggeworfenen Bäumen, und die vielen kleinen Raben aus Kohlepapier auf dem geschmückten Weihnachtsbaum in Lukas´ Haus. Auf dem, der lange bleiben durfte. Die Raben, der Krächzen für Lukas anders – schöner - klang als für die meisten, da er es eben verstand, blieben lange bei den Bäumchen, begleiteten sie durch die Zeit, in denen sie ihre Nadeln und ihre saftig grüne Farbe verloren. „Vielleicht", sagte Mia einmal, „ist es sowieso am besten wie Agathe das macht." Agathe war eine sehr alte Frau aus der Nachbarschaft. Sie schmückte immer nur die Bäume vor ihrem Haus, die in der Erde standen. Da sie direkt am Wald wohnte, war das nicht schwer. Nicht ein einziger Tannenbaum musste deswegen gefällt werden.

„Ganz bestimmt ist das am besten", pflichtete ihr Lukas voll und ganz bei. „Gar keine Frage!" Sie beschlossen gemeinsam es im nächsten Jahr ebenso zu machen. Auch für Lukas, der im Wald wohnte, war so etwas kein Problem.

„Und für die, die nicht am Wald wohnen, habe ich auch eine Idee!" Mia lachte. „Erzähl´!", Lukas war gespannt. „Na ja, man könnte kleine Bäumchen nehmen, die noch ihre Wurzeln haben, und sie im Blumentopf verkaufen." „Absolut genial!" Lukas war sofort überzeugt. Er dachte daran, dass all´ diese Bäumchen gepflanzt werden könnten- anstatt einfach weggeworfen, so wie es jetzt leider noch viel zu oft der Fall war. Vor seinem inneren Auge entstanden ganze dichte, grüne Weihnachts-Wälder aus diesen frisch gepflanzten, schönen Bäumen. „Komm, wir besuchen Agathe um es ihr zu erzählen!" Mia war ganz begeistert, und wenn Mia begeistert war, dann ging das Lukas nicht viel anders. Sie war eben seine beste Freundin. Und bei allerbesten Freunden sind Gefühle nun mal höchst ansteckend.

Gute Ideen übrigens auch.

Das liegt nun mal in der Natur der Sache. Derweil hüteten all die Raben des Waldes ganz nachdenklich und liebevoll das, was von den einstmals so feierlich herausgeputzten Bäumchen und Bäumen noch übrig geblieben war.

Kapitel 11 – Ruby Blue

„Aber eines wurde noch vergessen", befand Mia. „Was denn?", wollte Lukas wissen. „Die Geschichte von Ruby Blue natürlich!" Lukas verstand nicht was sie damit sagen wollte. „Du weißt doch, dass er gestorben ist." „Ja, aber wie war er, was war sein Leben? Und wie ging es danach dann weiter?" „Wie sollte es denn weitergehen?"

Lukas wusste wirklich nicht worauf Mia denn eigentlich hinauswollte. „Ich glaube, dass es am besten ist, wenn ich Dir seine Geschichte erzähle." Lukas war damit einverstanden.

Mia erzählte nun einmal oft und gerne ihre Geschichten. Vielleicht würde er noch etwas über Ruby erfahren, das er zuvor gar nicht gewusst hatte. Wie er Mia kannte, bestimmt sogar. „Also, ich fange dann jetzt mal an, „danach wirst Du wissen was ich meine." Lukas hörte zu. Er hörte ganz genau zu. Und am Ende, da wusste er es.

Er wusste, was Mia ihm hatte sagen wollen, und er wusste es nicht nur ein bisschen.

Vielmehr wusste er es ganz genau.

Ruby Blue war der jüngste, der kleinste Sohn des Rabenkönigs Kieran und Kaija, die aus dem fernen Land Israel stammte.

Was sie von soweit her gerade in Kierans Wald getrieben hat ist schwer zu beantworten, zumal Kaija der berühmtesten Rabenfamilie des gesamten Wüstengebietes entstammte.

Sie sah Kieran zwar ähnlich, doch war ihre Stimme höher, ihre Statur zierlicher. Lukas nannte Kieran zwar den „Königsraben", doch war es Kaija, die wirklich aus einem Geschlecht stammte das in den Königsstand gehoben worden war.

Dies ging auf die lange Geschichte ihrer Familie zurück, die sehr ruhmreich war. Ihre Vorfahren hatten nämlich einen echten Propheten, der in Ungnade gefallen war und sich verstecken musste, mit Essen versorgt. Sie brachten ihm regelmäßig Brot und Fleisch.

Der Wasser des Baches stillte seinen Durst, so dass der Prophet, mit Hilfe der Raben am Leben blieb. Seither galten sie als die erste Familie am Ort. Kaija hatte zahlreiche Verehrer und keiner konnte verstehen, warum sie sich auf die Reise in ein unheiliges Land machte, warum sie ihren Status einfach aufgab und mutterseelenallein einfach auf und davonflog. Niemand wusste freilich, dass Kaija hierfür sehr schwerwiegende Gründe hatte.

In dem Land, in dem sie wohnte, waren sich die Menschen uneins. Es kam zu heftigen, blutigen Streitigkeiten, in deren schweren Verlauf immer mehr Menschen in Kämpfen ihr Leben verloren. Kaija, deren Namen übersetzt „Leben" bedeutet, wand sich voller Trauer von dem gewaltsamen Tod ab, der über das schöne Land gekommen war. „Was gehen uns die Menschen an?", wollten die anderen Raben von ihr wissen. Im Lauf der Zeit hatte sich nicht nur ein schwerer Keil zwischen die Menschen untereinander, sondern leider auch fest zwischen die Raben und die Menschen geschoben.

Doch Kaija, die an die alten Geschichten ihrer Vorfahren dachte, daran wie ihre Ahnen damals den weisen Propheten geschützt hatten, hoffte noch immer darauf, dass sich das, was entzweit erschien wieder annähern könnte. Jeder einzelne Beweis dagegen ver-ursachte ihr indes ein großes Leid, so dass sie sich im Laufe eines Jahres sehr veränderte.

Ein Wunsch setzte sich tiefer und tiefer in ihr fest. Das war der Traum, der Wunsch, an einem friedlichen Ort zu wohnen.

So kam der Tag, an dem sie ihr Land verließ.

Viele Landstriche und Klimazonen überquerte sie, doch überall fand sie Streit unter den Menschen. Nirgends wollte sie bleiben.

Erst in einem kühlen, weit entfernten Land fand sie ein Waldgebiet in dem der erhoffte Frieden herrschte. Es gab hier viele Raben, und Kieran, ein besonders prächtiges Exemplar und sehr geeignet als Bräutigam, wie Kaija befand, wurde zu ihrem Gefährten.

Es dauerte nicht lang bis ihre Kinder geboren wurden.

Ruby Blue, auch Kaniel - Grashalm- genannt, der Jüngste von ihnen, war so zart, dass es unklar war, ob er überleben würde.

Sein Flaum zitterte im Wind, und die Augen traten weit hervor, so klein war er. Doch glich er die Schmächtigkeit seines Wuchses durch einen starken Willen aus, der seinesgleichen suchte. Kaija und Kieran waren sehr glücklich über ihre kleine Rabenschar, auch wenn das für beide bedeutete, schier ununterbrochen auf Nahrungssuche für die Jungen zu sein. Die Schnäbel ihrer Jungen standen nahezu ohne Unterlass offen, um ja kein noch so kleines Stückchen Fressen zu verpassen.

So wuchsen die kleinen Raben zu prächtigen Vertretern ihrer Gattung heran, nur Ruby Blue, auch Kaniel genannt, war noch immer viel zu klein.

Dennoch hatte er sich mittlerweile so stark entwickelt, dass davon auszugehen war, dass er tatsächlich überleben würde.

Nun gab es für die stolzen Eltern vor Freude kein Halten mehr.

Selbst die langen, unzähligen und zuweilen anstrengenden Flüge, um Nahrung für ihre Brut zu besorgen, waren ihnen ein Vergnügen. Das ganze Leben erschien ihnen nun, besonders Kaija, wie ein vollkommener, ganz wunderschöner Traum. Kieran und sie flogen um die Wette, sausten durch die Lüfte und zeigten sich gegenseitig ihre besten Flug-Kunststücke. Ja, ein Traum!

Umso schlimmer war daher das Erwachen: Die

Geschwister begannen sich heftig zu zanken, und erstmals, seit langer, langer Zeit, herrschte Unfrieden in dem kleinen, vormals friedlichen Wald.

Kaija war hierüber denkbar unglücklich, und auch Kieran vermochte es nicht sie zu trösten. Nur Ruby Blue behielt die Ruhe. Oft versuchte er tapfer zwischen seinen Geschwistern zu vermitteln- vergebens.

An einem der späten Frühlingstage, an dem die Eltern beide besonders früh hinaus-geflogen waren, um etwas zu Essen für ihre Kinder zu besorgen, entstand ein besonders heftiger Streit.

Rubys ältere Brüder hackten aufeinander ein. Ruby, der mutig und sehr friedliebend war, versuchte zu schlichten und trat zwischen die Kämpfenden.

In ihrer heißen Wut aufeinander begriffen sie nicht, dass es Ruby war, auf den sie da ein-hackten.
Lebensbedrohlich verletzt floh dieser aus dem

Nest. Weit kam er nicht. Die Kraft verließ ihn über einer Lichtung. Unsanft landete er und spürte, so wie es alle Raben spüren, dass sein Ende bevorstand. Da kam ein Junge, der ihn liebevoll aufnahm und ruhig bei ihm blieb, bis alles vorbei war.

Wie froh war Ruby darüber, dass dieser Junge ihn gefunden hatte. So war er in seinen letzten Minuten wenigstens nicht allein. Schmerzen fühlte er keine mehr, nur diese große, tiefe Schwäche; das Schwinden seiner Kräfte.
Wenn die Kraft schwindet ist es schön, nicht ganz allein zu sein.

Kaija und Kieran waren untröstlich. „Wie ist das passiert?" wollten sie von ihren Kindern wissen.
Diese waren erst unfähig zu antworten. Das schlechte Gewissen drückte sie nieder. Doch dann brachen sie ihr Schweigen.
Alle Raben des Umkreises erschienen, um Ruby Blue die letzte Ehre zu erweisen. Sie saßen auf den Bäumen rund um die Lichtung.
Selbst Korax, der älteste der Raben, war eigens

gekommen, um ihn, Ruby Blue, zu beklagen.
„Er war ein Held und Friedensstifter" Davon
waren die Raben im Wald allesamt überzeugt.

Und tatsächlich: Niemals wieder stritten sie
sich, und der Wald wurde wieder so friedlich
wie er zuvor gewesen war.

Kaija jedoch kam nie über den Tod ihres
Sohnes hinweg. So sagte sie zwar zu sich
selbst, dass er ein großer Stifter des Friedens
und eine Ehre für ihre gesamte Familie
gewesen sei, doch konnte sie ihren anderen
Kindern nicht verzeihen, dass diese ihren
jüngsten Sohn getötet hatten.

Es fiel ihr zunehmend schwer deren Gegen-
wart zu ertragen.

Die Trauer um Ruby, und das Heimweh nach
ihrem geliebten Land war mittlerweile zu groß
für sie geworden.

So kehrte sie allein zurück, und heute noch
erzählt man sich dort die Geschichte von dem
tapferen Raben, Ruby Blue. Sein Name war
von Geburt aus ein anderer, nämlich Kaniel,

gewesen. Der kleine Grashalm, der doch so sehr über sich hinausgewachsen war, bevor er dann schließlich geknickt wurde.

Doch Kaija, die vernommen hatte, dass der Junge, welcher in Kaniels letzten Minuten bei ihm war, der ihn anschließend liebevoll bestattet und betrauert hatte, ihm den Namen „Ruby Blue" gegeben hatte. Ihm zu Ehren nannte sie ihren verstorbenen Sohn auch jetzt noch „Ruby Blue".

Noch immer herrschte in ihrem Land kein Frieden.

Kaija saß nun oft nur auf dem Ast eines Olivenbaumes, unfähig zu fliegen. Zwar waren ihre Flügel gänzlich intakt, dennoch aber kam es ihr so vor als seien sie ihr gestutzt worden. So als könne sie nie wieder so unbeschwert mit ihnen fliegen wie noch damals, als sie mit Kieran im Wald um die Wette geflogen war. Und sie vermisste ihn! Kieran vermisste seine Frau ebenfalls. Nur die Freundschaft zu Lukas, einem Jungen, mit dem ihn seit Langem etwa verband, half ihm ein klein wenig darüber hinweg. Korax, der Älteste der Raben, sprach

zu ihm: „Kieran, du solltest ihr nachfliegen!"
Doch diese weite Strecke zurückzulegen traute sich Kieran nicht zu. „Wir werden mit Dir fliegen", versicherten ihm Kiral und Kumi, die beiden ältesten seiner Söhne, und gemeinsam flogen sie in das Land ihrer Mutter.

Kiral und Kumi kannten den Weg ohne jemals dort gewesen zu sein. Unterwegs wurden sie von Kindern und alten Menschen gefüttert, einmal auch von einem besonders großen, kräftigen Mann.
Es wunderte sie nicht sehr, da sie es ja aus ihrem Wald nicht anders kannten. Schließlich erreichten sie Israel.
Kaija war noch immer nicht bereit Kiral oder Kumi wieder in ihr Herz zu schließen, und selbst die Sehnsucht nach Kieran konnte sie nicht davon überzeugen wieder mit ihnen in den Wald zurückzukehren. „Dann bleibe ich bei Dir, Mutter", sprach Kiral.

Diese wusste nichts zu entgegnen, da sie sich mit einem Mal so schwach fühlte.

Kieran und Kumi traten ihren Heimweg nur zu

zweit an. Mit schwerem Raben-Herzen ließen sie die anderen Raben zurück.
Von diesem Tag an kümmerte sich Kiral um seine Mutter.

Er zeigte ihr auch wie man sich Menschen nähern konnte, um Freundschaften mit ihnen zu knüpfen.
Diese spezielle Fähigkeit war ihr und ihrer ursprünglichen Familie im Laufe der Jahre abhanden gekommen. Doch lernte Kaija schnell, so wie auch der Rest ihrer großen Familie.
Kiral brachte ihr das Fliegen wieder bei, und er rühmte seinen toten Bruder, Ruby Blue, über die Grenzen des schönen Landes hinaus.

Bis nach Jordanien und Ägypten trug er diese Kunde. Kaija war sich nicht ganz sicher, doch kam es ihr so vor als legte sich die Versöhnung zumindest ein klein wenig über dieses Land.

Vielleicht aber auch ging sie nur von sich selbst aus. Zunehmend begann sie Kiral zu verzeihen. Und als dieser selbst Vater wurde, schlug er vor den jüngsten seiner Söhne- zu Ehren des Bruders - Ruby Blue zu nennen. Kaija war einverstanden. Und dieser Ruby Blue starb keinen frühen Tod. Er wurde so alt und so weise wie Korax, der Klügste unter den Raben.

Viel Zeit verbrachte er dem Himmel nah mit weit ausgebreiteten Schwingen bei seiner erklärten Lieblingsbeschäftigung, dem Fliegen.

Er überwand die Grenzen seines Landes und schloss zahllose Freundschaften mit den unterschiedlichsten Menschen und vielen anderen Raben.

Immer wieder trug auch er die Geschichte seines Onkels weiter, des kleinen Raben Ruby Blue, der für den Frieden gestorben war.

„Lasst uns alle für den Frieden leben!", rief er zuweilen aus, und dann zeigte er seine tollkühnsten Flugkünste - ganz so wie es einst Kieran gemacht hatte.

Kaija war außerordentlich stolz auf ihn. Das Land war nun wirklich wieder zu dem Ihren geworden. „Eines Tages", versprach sie ihrem Enkel, „zeige ich Dir einen ganz besonderen Wald." Bis es jedoch soweit war, erzählte sie ihm oft davon. Dann schließlich war es soweit. Kaija machte sich mit Kiral und Ruby Blue Junior auf den Weg. Zu ihrer Verblüffung fand Ruby den Weg wie von allein. Kiral und Kaija ließen ihn an der Spitze fliegen, und so dauerte es nicht besonders lange bis sie sich wieder in Lukas´ und Kierans Wald befanden.

Dicht und zufrieden saßen sie nun alle nebeneinander, Kaijas Gefieder berührte das von Kieran. Raben lieben und brauchen die Nähe. Sie schmusen gerne. Etwas, was man oft gar nicht über sie denken würde. Doch ohnehin täuscht man sich oft, wenn es um Raben geht. Doch wusste er, dass es kein neuer Anfang war, sondern vielmehr ein zärtlicher und endgültiger Abschiedsgruß.

Kieran führte sie im Wald herum wie ein guter Gastgeber. Sie lernten Gerda, die Eule kennen, Luna, ihre Tochter. Ruby Blue machte auch die Bekanntschaft von Lukas, Mia und Kai. Diesen Tag würde Lukas nie vergessen. Ein Mann, auch Mia war ihm bereits begegnet, hatte sich in Lukas´ Wald versteckt. Tage später wurde er zwar gefunden, doch zu dieser

Zeit bedeutete er eine Gefahr, besonders nun für Lukas.

Er war auf der Flucht, das konnte man ihm ansehen. Bereits Mia war er recht unheimlich gewesen. Und nun war es Lukas, der in Gefahr schwebte. Dieser Mann hatte ihn in Simons alter Waldhütte eingesperrt und von außen den Riegel heftig zugeschoben. Wahrscheinlich wollte er so verhindern, dass Lukas ihn verraten würde. Es war kein großer, schwerer Riegel. Und dennoch bekam Lukas die Tür nicht mehr auf. Die Fenster waren vernagelt, und Lukas wusste nicht mehr weiter. Er rief, aber vergeblich. Die Hütte war sehr weit von menschlichen Siedlungen entfernt. Auch Kai war heute sicherlich nicht in der Nähe. Lukas wusste, dass ein Fußballspiel stattfand, bei dem Kai nicht fehlen würde. Und Mia war in der Stadt. Wer sollte ihm jetzt noch helfen? Und da kam er schon daher, der „Rabenkönig". Kieran machte seinem großen Namen alle Ehre. Vielleicht fällt es schwer das zu glauben, doch es gelang ihm den Riegel zu öffnen. Nicht nur dass er wusste wie man ihn öffnete.

Vielmehr benutzte er auch noch eine Art Werkzeug, einen Stein, der die Kraft seines Schnabels enorm verstärkte. „Kieran!" Lukas war außer sich vor Begeisterung. Kieran selbst schien sich allerdings über Lukas´ Verwunderung selbst zu wundern. Das wusste doch jeder wie klug Raben sind. Hatte er ihn denn noch nie beim Nüsseknacken gesehen?

Wenn er aus einer genau berechneten Höhe Nüsse so auf den Boden fallen ließ, dass die Schale elegant zerplatzte ohne die Nuss zu beschädigen? Wusste er nicht, dass sich Raben Gesichter genau merken können, dass sie sofort gewisse Zusammenhänge begreifen und Menschen aus der Not retten können? Aber dann, als er Lukas´ glückliches Gesicht sah, war ihm das auch egal. „Menschen können eben auch nicht alles wissen", dachte er sich großzügig.

Ohnehin war er gerade in Feierlaune; jetzt da Kaija und sein Sohn Kiral mit Ruby Junior hier waren. Nachdem Lukas der Hütte entkommen war, krächzte Kieran laut und deutete ihm damit an ihm zu folgen. So machte Lukas, das empfand er als ein ganz großes Glück, die Bekanntschaft mit Kaija und vor allem mit Ruby Blue. Am nächsten Tag schon kehrte er mit Kai und Mia zurück, so dass auch diese seine neuen Freunde sehen sollten.

Die Ruhe des Waldes wurde in diesen Tagen durch eine groß angelegte Such-Aktion gestört, welche dem Auffinden des Mannes dienen sollte. Und hier war es Kiral, der mit seinem lauten Krächzen auf ihn aufmerksam machte, so dass er gefunden wurde. Kiral war dem Mann bereits begegnet, vielmehr war er dem Stein ausgewichen, den dieser nach ihm geworfen hatte, begleitet von einem Fluch. Kaija und Kieran hatten sich Kiral angeschlossen, auch Ruby Blue war dort, um seinen Vater zu verteidigen. Laut krächzten sie in den Wald hinein und führten damit jene, die den Mann suchten, auf seine Spur. Ich weiß nicht was es mit diesem Mann auf sich hatte. Doch mit Sicherheit gehörte er nicht in diesen Wald. Es war gut, dass er weg war. Das fanden Mia, Kai und Lukas, aber auch die Raben. Sie merken sich Gesichter, und sie wissen immer wer etwas vorhat, das der Gemeinschaft Schaden bringt. Nun war der Friede im gesamten Wald wieder hergestellt.

Der erste Grundstein für eine Annäherung der beiden Familien war gelegt worden. Von nun an besuchten sich die Raben-Familien untereinander gelegentlich zu besonderen, feierlichen Ereignissen. Kaija und Kieran allerdings wurden nie wieder ein Paar.

Kaija folgte Ruby auf seinen Flügen nach Jordanien und Ägypten, verweilte lange in den herrlichen Olivenbäumen ihres eigenen Landes und genoss den Frieden, der sich mit zunehmendem Alter auf sie gelegt hatte.

Sie dachte zuweilen viel über die Vergangenheit nach, an ihre Flüge mit Kieran und an die Geburt ihrer Söhne, an den schlimmsten Tag von allen, als ihr Jüngster starb.

Doch Ruby Blue holte sie immer wieder aus ihren Gedanken. „Komm, heute fliegen wir zu den großen Pinien", schlug er ihr vor „oder ans Wasser?" „Vielleicht aber möchtest Du auch meinem neuesten Menschen-Freund Eli vorgestellt werden? Er ist Koch, und ich bin mir sicher, dass er wirklich etwas für uns übrig hat- wenn Du weißt, was ich meine!" Damit erweckte er immer wieder den Funken von Freude in ihr, den sie benötigte. Raben hängen sehr an ihren Familien. Sie tun alles dafür, dass es den Mitgliedern ihrer Familien gut geht. Manchmal erweitern sie ihre Familie.

Es konnte also durchaus vorkommen, dass sie gelegentlich, als ein Zeichen größter Ehre, einen für sie besonderen Menschen einfach „adoptierten".

Andersherum war das selbstverständlich auch möglich. Und den Koch, den mochten sie alle. Die Essensreste hatten damit wenig zu tun. Raben wissen sich nämlich zu jeder Zeit selbst zu helfen.

Kaija flog Ruby Blue hinterher. Er war schnell, und sie musste sich anstrengen. Doch das machte ihr nichts aus. Sie liebte Ruby. Mit ihm gab es immer wieder Neues zu erleben.

Kieran jedoch fand zeitlebens Trost in der selbstverständlichen, tiefen Freundschaft zu Lukas, dem er nie wieder von der Seite wich.

Kapitel 12 - Jakow und Kolja

Niemand kannte Kolja länger als Jakow.

Höchstens vielleicht noch Koljas Eltern, doch das zählte nicht so recht, weil sie leider nie die Chance hatten ihn so richtig kennenzulernen. Der Wind hatte ihn zu Jakow getragen, noch bevor er selbst überhaupt fliegen konnte.

Das war nicht so weit gewesen wie es sich vielleicht anhören mag. Ganz in der Nähe seines Nestes hatte Jakow den Kleinen gefunden, sehr behutsam aufgehoben und zu sich nach Hause gebracht.

Koljas Eltern waren Rabenfängern in die Hände gefallen, und auch der alte Jakow hatte jetzt am nahendem Ende seiner Tage niemanden mehr auf der Welt, so dass er im Grunde ganz froh darüber war nun für jemanden sorgen zu können. Dies machte er auch richtig gut. Er nannte Kolja einen „Glücksraben", um damit ganz entschlossen und fest dem entgegenzuwirken, was man in Russland zu dieser Zeit über Raben dachte. Man machte sie nämlich für jedes Unglück, welches den einen oder anderen zuweilen ereilte, verantwortlich.

Jakow hatte auf so etwas noch nie etwas gegeben. Als ihm Frau und vier Kinder nach und nach in nur einem Winter weggestorben waren, hatte er noch nicht einmal den Herrgott dafür zur Verantwortung gezogen, von Raben einmal ganz zu schweigen. (Herrgott sagte man damals in Russland anstatt „Gott"). „Jakow wusste, dass es die Armut war, die solche Todesfälle nach sich zog. Nicht einmal einen Arzt hätten sie sich leisten können. Für arme Menschen wie Jakow und seine Familie endete das Leben häufig auf diese Weise. Er hatte sehr getrauert, sein Kopfkissen nass geweint und war ein ganzes Jahr lang war er nicht unter Menschen, noch in die Natur hinausgegangen. Er verstand nicht warum er selbst immer noch da war. Am liebsten wäre er damals mit seiner Familie weggegangen. Doch dann, irgendwann als er am allerwenigsten damit rechnete, war dieser Kolja in sein Leben geflattert. Winzig, schwarz und den ganzen Tag hungrig. Wenngleich er seine Familie schwer hatte ernähren können: Für einen so kleinen Vogel reichte es allemal. Er bekam frische Regenwürmer und dunkelrote Walderdbeeren, Körner und all das, was ihn groß und stark werden ließ. Der Waldbauer gab Jakow, im Gegenzug zu dessen Schnitzereien Rahm und Honig, doch den brauchte Jakow meist für sich selbst. Dafür bekam Kolja sonst alles andere. Auch Krumen vom Brot und was ebenso anfiel. Kolja wuchs prächtig heran, doch gab es etwas, vor dem er Angst hatte. Das war nicht irgendetwas, sondern es bezog sich auf etwas grundlegend Wichtiges:

Kolja hatte nämlich Angst davor zu fliegen. Zunächst entschuldigte es Jakow damit, dass Kolja noch so jung und klein war, dann mit dem Umstand, dass er immerhin unsanft aus dem Raben-Nest gefallen war. Doch schließlich kratzte er sich vor lauter Sorgen heftig am Hinterkopf, weil er nicht wusste was er tun sollte. Was, wenn Kolja niemals würde fliegen wollen? Seine Flügel waren vollkommen in Ordnung, daran lag es nicht. Jakow überlegte fieberhaft: „Was konnte man denn nur tun?" Um Kolja zu zeigen wie man flog, rannte er sogar über den Acker und begann dabei wild und ausdauernd mit beiden Armen zu rudern. Damit verscheuchte er allerdings nur ein kleines, hellgestreiftes Wildschweinchen, das sich schleunigst von der Lichtung machte. Kolja beobachtete das ganze Geschehen ungerührt und regte sich nicht von der Stelle. Schließlich zeigte ihm Jakow die anderen Vögel. Viele Stunden verbrachte er mit dem kleinen Raben im Wald, zeigte ihm die Eulen und Vögel- doch ohne Erfolg. Jakow, der ein ausgesprochen begnadeter Schnitzer war, schnitzte Kolja sogar eine eigene Serie von Raben zunächst mit geschlossenen, dann mit weit ausge-breiteten Flügeln, zu pädagogischen Zwecken. Kolja betrachtete sich diese kleinen Kunst-stücke durchaus interessiert, pickte sie ein wenig an, hier und dort, wetzte auch seinen Schnabel probehalber an einer der größeren Figuren. Fliegen jedoch tat er nicht.

Daraufhin tauschte Jakow die Schnitzereien gegen besonders warme Hausschuhe bei der Waldbäuerin und eine Handvoll Nägel zum Ausbessern des Hauses bei ihrem Mann ein.

Auf dem Rückweg brachte er Kolja, wie so oft, dessen geliebte Walderdbeeren mit.

Kolja begrüßte ihn bei seiner Heimkehr ganz stürmisch, setzte sich auf Jakows Schulter und knabberte ihm freundlich ein wenig am Ohr.

Wie sehr er diesen Vogel liebte!

„Was soll ich denn nur mit Dir machen?"

Jakow wusste ja selbst, dass er alt war. Immer würde er nicht für Kolja sorgen können. Einmal gab er sogar vor Hilfe zu brauchen. Er ließ sich dramatisch zu Boden fallen und deutete mit verzerrtem Gesicht auf sein Bein. „Hol Hilfe, Kolja!" Doch auch das brachte nicht den gewünschten Erfolg. Kolja blieb brav bei ihm sitzen, kuschelte sich ein wenig an seinen Handrücken und rührte sich, darüber hinaus, erneut keinen Deut von der Stelle.

Jakow seufzte. Er seufzte und seufzte, doch auch vom Seufzen fiel ihm keine Lösung ein.

„Ich kann ihn ja nicht einfach vom Dach werfen, damit er endlich fliegt!" Sprach es und blickte zu dem Dach hinauf. So hoch war es im Grunde gar nicht, und das Gras stand hoch und dicht. Sollte er es wagen? Jakow nahm sich drei ganze Tage Zeit, überlegte hin und her, bis er schließlich zu dem Schluss kam, dass er es versuchen müsste. Um Koljas´ Willen!

Denn wie sollte er später einmal ohne ihn zurechtkommen, wenn er nicht einmal fliegen konnte? Jakow wusste, dass er sehr vorsichtig vorgehen musste, damit Kolja nicht witterte was er vorhatte. Immerhin war er ein kluger Rabe. Jakow nahm also sein Werkzeug in die Hand, band sich die kleine Tasche um, in der Kolja ihn zu begleiten pflegte, stieg auf das Dach und begann alte Schindeln auszubessern. Kolja saß ahnungslos daneben, blickte ihn mit seinen frechen, dunklen Augen an und fühlte sich seines Lebens froh. Wie schön war es doch bei dem alten Jakow zu sein.

Dieser hämmerte so vor sich hin, begann aber recht bald unter seiner Mütze zu schwitzen. Wie sollte er es denn nur anstellen?

Sollte er Kolja denn nicht wenigstens ein ganz klein bisschen vorwarnen? Nein! Es half nichts.

Behutsam nahm er Kolja also auf, trug ihn zum Rande des Daches, versicherte sich, dass sein kleiner Rabe im Notfall weich fiele und warf den überraschten Vogel weit nach oben in die Luft. „Flieg, Kolja, das kannst Du!" Es fiel ihm schwer, und außerdem kam er sich wie ein Verräter vor. Kaum wagte er noch zu atmen als er zu seiner größten Freude sah wie Kolja seine Schwingen ausbreitete, flatterte, segelte, wackelte und – flog. Kolja flog! Jakow wischte sich verstohlen eine Träne aus dem Augen-winkel, dann musste er darauf achten selbst das Gleichgewicht zu halten. „Immerhin- *ich* alter Narr habe keine Flügel", brummte er.

Derweil flog Kolja immer weiter und immer höher hinaus. „Ob er überhaupt jemals zu mir zurückkommen wird?", begann sich Jakow zu fragen. „Vielleicht mag er mich nun gar nicht mehr, verübeln könnt´ ich´s ihm nicht."

Doch da kam er schon auf das Dach zugeflogen, hielt auf Jakow zu, traute sich dann jedoch nicht dort zu landen, zog noch eine weitere Runde und landete weich im Gras. Jakow machte so schnell er nur konnte, um vom Dach zu kommen. „Kolja", lobte er ihn! „Das hast Du ganz fein gemacht!" Kolja war selbst stolz auf sich. Das war nicht zu übersehen. Seine Augen glänzten, und sein Gefieder war zerzaust. Von dieser Stunde an verging kein einziger Tag, an dem Kolja nicht geflogen wäre.

Seine Routen wurden immer ausgedehnter, die Ausflüge länger, die Flüge höher. Das, was ihm so lang Angst gemacht hatte war zu seiner größten Freude geworden. Vom alten Jakow natürlich abgesehen. Zu ihm nämlich kehrte er immer wieder zurück, und das nicht wegen all der Regenwürmer und der Walderdbeeren. Nein, er kehrte zu Jakow zurück, weil dieser sein bester Freund war. „Einmal, Kolja", sprach

Jakow, das war viele Monate später, „werde ich auch fliegen können, glaub mir! Wenn meine Seele nämlich, zack zack, ganz schnell in den Himmel saust, so dass der Wind nur so vor Überraschung, pfeift." Wie Jakow es so sagte bemerkte er, dass er gar keine Angst vor diesem Tag hatte. Das musste er auch nicht.

Zum einen nicht weil er sich sicher war dort wieder auf seine Familie zu treffen, aber das Ganze hatte noch einen ganz anderen Grund. Sie hatten noch nicht direkt darüber gesprochen, das heißt er hatte es Kolja noch nicht erzählt. Kolja selbst krächzte ja zumeist nur, obgleich Jakow sich sicher war, dass sein Rabe ihn genau verstand. Wahre Freundschaft kommt zuweilen auch ganz ohne Worte aus.

Und so war sich Jakow sicher. Sollte es bei ihm einmal so weit sein, würde Kolja ihn sicherlich ein ganzes Stück begleiten. Und das war doch was! „Aber jetzt machen wir das noch nicht, Kolja, oder? Jetzt essen wir erst mal in Ruhe unsere Walderdbeeren, vielleicht mit etwas Rahm oben drauf, und genießen den Tag!"

Kolja plusterte sich auf, legte den Kopf etwas schief und rieb ihn sanft an Jakows Hand.

Bonus-Geschichte: Koljas Flug

Kolja, der die Seele des alten Jakow – doch das war viel, viel später - tatsächlich ein Stück begleitet hatte, wollte nun nicht mehr in dem leeren Haus bleiben.

Zudem verstörte es ihn, dass er nicht hatte mithalten können.

Zuerst hatte er genau gewusst wohin er Jakow folgen musste, zack zack war er ihm gefolgt, den pfeifenden Wind als Begleiter. Wunderbar war das gewesen. Doch dann ging es nicht mehr weiter, er hatte Jakow verloren.

Langsam war er zurückgeflogen ohne es eilig zu haben.

Langsam war plötzlich alles in diesem Haus. Langsam und schwer.

Aus leeren Nestern und aus leeren Häusern, fand er, sollte man sich emporschwingen und weit, weit über das Land fliegen. Zu Jakow konnte er ja nun nicht mehr.

Niemand war da, für den er hätte bleiben wollen.

Eine kleine Weile blieb er noch in der Nähe – nur zur Sicherheit, falls sich Jakows Seele trotz seiner Hilfe verflogen hätte. Doch tief in sich wusste er, dass sich Seelen nicht verfliegen können. Sie wissen genau wo sie hingehören. So schnell wie sie gesaust war.

Daher gab er das Warten auf und tat das, was er am besten konnte und das, was auch Jakow am meisten gefreut hätte.

Kolja wusste mit einem Mal genau was zu tun war.

Und so ließ sich Kolja vom Wind tragen. Er flog so weit wie er noch nie zuvor geflogen war, ließ die Rabenfänger hinter sich und fühlte sich mit einem Mal so frei wie man sich überhaupt nur fühlen konnte. Bereits jetzt wusste er, dass es den Weg zurück nicht mehr geben würde.

„Flieg, Kolja!", hörte er in seiner Erinnerung den alten Jakow.

Das tat er! Und wie er flog. Kolja machte kaum Pause, er flog bei Wind und Wetter, kämpfte erfolgreich gegen Trockenheit und Hitze, ja, sogar gegen Schneestürme an.

Ein ganzes Jahr war er unterwegs.

Dann spürte er, dass seine Kräfte nachließen, und dass die Zeit des Reisens hier vorbei war.

Das Waldstück, welches er gerade überflog, sollte seine neue Heimat werden. Kolja drehte eine letzte kleine Runde über der Lichtung, dann ließ er sich auf der neuen Erde nieder.
Es klingt nach einem eher unwahrscheinlichen Zufall, vielleicht war es auch kein Zufall.

Doch landen tat auch er in Lukas´ Wald.
Manchmal denke ich, dass so etwas kein Zufall sein kann. Dann kommt mir in den Sinn, dass auf eine Weise alles miteinander zusammenhängt. Auf eine Art, die wir noch nicht begreifen können. Noch am gleichen Tag fand er Lukas´ Haus. Es war hell erleuchtet und voller Menschen. Kolja durchzuckte so etwas wie Heimweh, als er dieses Haus sah. Hell, warm, und doch nicht seines. Von drinnen drangen Stimmen zu ihm heraus. Ein geschmückter Tannenbaum stand draußen, vor dem Haus. Kolja beschloss in der Nähe zu bleiben und einfach einmal abzuwarten. Man konnte ja nie wissen. Und diese vielen Stimmen aus dem Haus klangen ausgesprochen freundlich. Das war doch was, fand er. In der Nacht sah er Jakows liebes, altes Gesicht deutlich vor sich.

Claudia J. Schulze (Text) ist Autorin und Biblio-therapeutin. Studium der Psychologie, Philosophie Pädagogik und Literaturwissenschaften in Freiburg, Karlsruhe, Konstanz und Zürich.

Sie arbeitet in eigener Praxis psychotherapeutisch mit Kindern, Jugendlichen und Erwachsenen, und entwickelt interdisziplinäre therapeutische Materialien.

Bereits in ihrer Diplomarbeit, später dann auch während ihrer Promotion, befasste sie sich mit der Frage, inwiefern Literatur sich auf therapeutische Prozesse positiv auswirkt. Kontakt: CJ.Schulze@gmx.de Praxis Dr. Claudia J. Schulze, Grünberger Str. 8, 78052 VS-Villingen. Weiterbildung in Trauerbegleitung.

Anke Hartmann (Illustrationen) ist Künstlerin, Illustratorin, Kinderbuchautorin und Geschäftsführerin einer Leipziger Grafik-Werkstatt und des Raumkind-Verlages. Ihre ausdrucksstarken und liebevoll gestalteten Bilder erfreuen sich großer Beliebtheit. Anke Hartmann ist Autorin des Buches: „Die letzte Reise" (Raumkind Verlag). Kleine Träumereien am Lindenauer Markt, Leipzig

Dieses Projekt wird unterstützt von der Bärbel Schulze Stiftung für therapeutisches Schreiben und Lesen.

Von Dr. Claudia J. Schulze ebenfalls erschienen:

Nachtflüge, Geschichten zwischen den Welten
(Band1)

Rabenfedern bringen Glück (Band 2)

Nebelträume (Band 3)

Korax und das Geheimnis der Kürbisse (Band 4)

Die Reise nach Holland – Therapeutische Geschichten mit Fragekatalog

Morgensterne – Bibliotherapie für Kinder

Leah Löwenherz- Ein Trauerbuch für Kinder

Lukas und die Geschichte der Schatten
(SONDEREDITION mit Schattenbildern)

Zauberbücher (Fragebögen zur „Lukas-Reihe)

Cinderellas Schwester- oder: Der Schuh ist zu klein.
Märchen 5.0

Brunos Reise und andere Geschichten

Entspannen mit Lilly – Entspannungsheft

Link zum kostenlosen Bonus-Hörbuch:

https://tinyurl.com/t9ysxor

Weitere Links zu einzelnen Geschichten, gesprochen von Werner Wilkening

https://tinyurl.com/yx45f6cb

Ihr könnte mir gerne schreiben. Ich freue mich!

Glückskästchen Hinweis: In der therapeutischen Arbeit kann auch mit „Postern", mit „Glücksbuttons" oder auch „Glücksschächtelchen" gearbeitet werden. Diese können zu äußeren – und inneren Begleiter der Kinder werden. Postkarten oder Poster sind auch möglich.

Glücksbuttons von Anke Hartmann (Beispiele) als mögliche therapeutische Materialien